现代教师教育理论研究丛书

教师课程发展
理论与实践

—— 吕立杰 著 ——

东北师范大学出版社
长　春

图书在版编目（CIP）数据

教师课程发展理论与实践/吕立杰著. —2版. —长春：东北师范大学出版社，2015.3（2025.4重印）
ISBN 978 - 7 - 5681 - 0292 - 6

Ⅰ. ①教… Ⅱ. ①吕… Ⅲ. ①课程—教学研究 Ⅳ. G423

中国版本图书馆 CIP 数据核字（2015）第 267395 号

□责任编辑：王宏志　　□封面设计：杨　涛
□责任校对：曲　颖　　□责任印制：张允豪

东北师范大学出版社出版发行
长春净月经济开发区金宝街118号（邮政编码：130117）
网址：http∥www.nenup.com
东北师范大学出版社激光照排中心制版
河北省廊坊市永清县晔盛亚胶印有限公司
河北省廊坊市永清县燃气工业园榕花路3号（065600）
2015年3月第2版　　2025年4月第3次印刷
幅面尺寸：170mm×227mm　　印张：12　字数：197千

定价：36.00元

本书由全国教育科学"十五"规划国家青年基金课题"教师课程研究范畴与方法"(项目批准号：CHA050042)，以及教育部人文社会科学青年专项课题"《品德与生活》、《品德与社会》课程主题单元设计实施与评价研究"(项目批准号：05JA880010)资助出版。

目　　录

第一编　教师课程发展理论研究 /1

教师课程发展的动因 /3
　　——一位"品德与生活"教师的课程故事
教师课程实践知识研究的反思与启示 /11
教师合作团队的结构与方式 /21
合作研究：学校运营方式的创新 /26
教师集体课程决定的意义与局限 /29
课程发展能力：初任教师与经验教师的实践知识对比 /37
课堂评价的有效性反思与研究性功能转向 /77
　　——兼谈课堂学习研究对教师专业发展的意义

第二编　教师课程发展实践探索 /87
　　——以"品德与生活"、"品德与社会"课程发展为例

小学"品德与社会"教材的比较与分析 /89
班主任兼任"品德与生活"学科教师利弊分析及实施建议 /96
主题单元设计之一：变异理论视角下"我的邻里关系"设计 /101
主题单元设计之二：情境认知学习理论视角下"寻找春天"设计 /133
主题单元设计之三：综合理论视角下"劳动最光荣"设计 /161

参考文献 /179

第一编

教师课程发展理论研究

教师课程发展的动因[①]
——一位"品德与生活"教师的课程故事

"品德与生活"是基础教育新课程体系中的一门综合性学科，在小学一、二年级开设，主要针对儿童入学后，学校、家庭生活的变化，帮助他们适应新的学校环境，学会健康地生活并形成良好的公民素养。基于儿童生活，在真实的儿童生活中进行德育，在活动、体验中建构课程的意义应该是这门课程在理念上的一大亮点。由于师资等方面的原因，很多学校的"品德与生活"课由班主任兼任，该课程的教师对课程的认同态度怎样，能否认真执行并表现课程的意义呢？下面是长春市南关区某小学"品德与生活"课时老师在同行观课后的研讨沙龙中讲述的自己与"品德与生活"课程的故事，从中我们可以看到该课程教师的课程实施状态。

一、时老师和"品德与生活"的故事

其实我的"品生"教学以前上得一点都不好，很多老师可能也有和我一样的做法。因为我是教语文的，又是班主任，我总是趁校长不注意的时候，偷偷摸摸地给孩子们听写生字，偶尔也给孩子们做做练习册，或者布置家庭作业什么的。

我长期从事低年级的班主任工作，班主任工作特别繁琐，而且特别累。刚开学那段时间，就有很多孩子来找我告状。正写字的时候两个人就打起来了，"老师，他在我的本上画了一下"，"他挤了我一下"，然后第二天就有家长给我打电话说："老师啊，能不能给换个座啊，他同桌总欺负他。"站队的时候也是你挤我一下，我挤你一下的，班级里不团结的现象越来越多了。那时候我就有一种不想当班主任的想法，觉得当班主任太累了，怎么这么繁琐呢，有解决不完的事，出现一个问题就得马上解决。在老师眼里都是些非常

[①] 本文原题目为"教师课程行动转变原因"，发表于《全球教育展望》2007年第3期。

小的事，但是对孩子来说就必须给予解决，因为这对孩子是非常重要的事。

正当我一头雾水不知道怎么解决的时候，无意中我翻到《品德与生活》教材中第二单元"我们班的故事多"，这里面有很多小插图吸引了我，我发现这些小插图里画的很多情景都像我班的孩子，如告状这些事情，我想不如利用这个时机好好教育一下孩子。

我呢，就把我班孩子告状的事编成了一系列的小故事，当然这些故事中的主人公，用的不是我班孩子的名字，孩子们听得津津有味。因为我是班主任，非常了解我班的孩子，于是我就有针对性地叫了这几名同学回答问题，我说：这故事里面中的主人公你喜欢谁呀？你不喜欢谁呀？你为什么喜欢他而不喜欢他呀？他们说得特别好，就好像找到了自己的缺点似的。过了几天，我发现孩子告状的现象少了，尽管这种现象仍然存在。

然后我就想利用"品生"这本教材继续把这个课延续下去，于是我在第二周的"品生"课上又开展了一次活动，我把孩子们领到操场上，给他们准备了两个游戏，一个是两人三足的游戏，另一个是两个孩子背对背夹球接力跑的游戏，这两个游戏就是锻炼孩子团结、合作、互相配合的能力。当然，有的孩子把这个游戏玩得特别好，有一些孩子就在夹球的时候把球掉到地上了，还有的孩子摔倒了，有的孩子不知道从自己身上找原因，而是指责对方："就怨你，要不是你球能掉地上吗？要不是因为你我能弄摔吗？"我知道出现这种现象是非常正常的，于是我又把这些孩子领回班级，继续上课。我先请那些玩这个游戏玩得特别顺利的孩子说说他们是怎么配合的，孩子们把他们的经验说了出来。然后又找一些没玩好的孩子，问他们能不能找到自己没玩好的原因，孩子们就点了点头，都说明白了。最后我给他们讲了一个故事，就是"一根筷子容易折，十根筷子不会弯"的道理，孩子们一听，一下子恍然大悟。

我们班的孩子下课居然问我，下节"品生"课还考不考生字了，用不用语文科代表发本子了。当时，我的脸腾地一下红了，觉得前一段时间太对不起这些孩子了，原来孩子的内心是那么喜欢这个"品生"课，我却剥夺了他们的这个权利，甚至觉得对不起校长……

看到这个活动开展得比较好，我就在第三周上课之前给每个孩子发了一张彩色的硬纸，让他们在纸上写一个爱心卡，然后写一个感谢卡，写曾经欺负过谁，或者和谁发生过一些小矛盾，让孩子们互相赠，每个孩子手里都拿着他们收到的贺卡，有些家长跟我说：老师，这个卡呀，我想给扔了都不让啊，比过圣诞节的时候我给他买的带音乐的那些卡片都珍惜。我觉得这个课收到了事半功倍的效果。我们年级的几位兼"品生"课的老师配合得也很好，可以说我们年组的老师人才济济。如李老师就属于特别会动脑筋的，是智慧型的，就像导演一样，能够指挥我们怎么做；周老师呢，计算机高手，能上网查资料什么的；我特别愿意制作一些小教具什么的，愿意画一画，剪一剪，我们分工特别好，如要讲这一单元了，周老师就会上网查资料，然后李老师出谋划策，我就动手去做这件事（教具）……

二、个案故事分析

1. 时老师课程行为中的心路历程

人的行为总是与目的、效果密切相连，教师也不例外。教师的教学重点是那些容易呈现效果的课程内容，在当前教育文化的惯性中，学校、教师以考试成绩作为衡量教育效果的重要标志并不少见。班主任时老师就会"偷偷摸摸"地运用权力，在"品生"课上"听写生字"，"做练习册"，"品德与生活"难以用考试的形式测量学生的学业成就和教师的课程实施水平，尽管时老师知道这样"一点都不好"，不过时老师的做法"和许多同事都非常相似"。这时，时老师的班主任工作出现了问题，二年级的孩子天天"告状"，经常"打起来"，"同桌欺负他"，真是"太累了"，"这么繁琐"。时老师向自己的目标努力的过程遇到了很多困难，但有一点时老师是清楚的，这些"繁琐"的事情不仅是自己工作的障碍，也是孩子成长中"非常重要的事情"，她认为对这些学生成长中困扰的问题进行矫正、教育是自己的责任，也是自己教育行为的目的，尽管这个目的在问题出现的时候才会意识到。换一个角度说，当学生出现成长问题时，时老师潜在的教育行为的目的与效果需求发生了变化，在这样的情况下，她"无意中""翻到""品生"课的教材，马上被"吸引"了，因为"小插图里面画的很多情景"和她遭遇的教育困境非常相似，也就是教材的特征、功能与时老师教育需求非常匹配，于是，时老师开始尝试利用"品德与生活"课程，按照"品德与生活"教材提供的活动模式，解决学生成长中的问题，解决自己工作的困扰，经过尝试发现问题现象"少了一些"。接下来，时老师开始主动开发延续"品生"课，时老师看到了这门新的"品德与生活"课程产生的效果和意义，反过来对自己以前不执行新课程的行为感到"脸腾地红了"，"对不起"孩子和校长。在经过了课程态度的转变和成功的尝试后，时老师继续开发延续这一课程，这时她已经能在家长的反馈中得到高度评价，觉得有"事半功倍"的效果，这个"事半功倍"既是时老师对这门课程的评价，也是对自己实施这门课程水平的评价。

2. 时老师课程行为的关注点经历了三次跃迁

故事中,时老师的课程行为经历了这样几个跃迁:从不执行课程到利用课程被动地解决学生生活中的困扰、矛盾,到主动创设情境激发学生思考,再到引导孩子自己建设性自我反思,创建积极的班级人际关系。几个跳跃构成了一个比较完整的关于"我们班的故事多"的主体单元,教学的内容要素来自学生的真实生活,这三次课对学生来说,是对班级生活认知能力发展的三次跳跃,时老师最初"把告状的事编成小故事"虽然吸引了很多学生,但从学生心理水平的变化来看,学生仅仅知道什么样的行为是对的,什么样的行为是错的,尽管用非常形象的方式;"两人三足"游戏的设计,学生在谦让、合作、帮助的问题上有一个理解水平上的认知;体验了活动过程,经历了深入的思考,在制作爱心卡片的时候,学生在情感、态度上得到了升华。对于时老师来说,三次课也是三次教育效能上的飞跃:最初编故事讲给学生听,是指向过去的说服教育,时老师关注的是解决自己工作中的难题;"两人三足"的游戏时老师开始真正有目的的情景设计,这时,时老师开始考虑用什么方式才能最有力地表现课程的效果,她关注的是给学生种下友谊的种子,指向学生未来的发展活动,学生的视界是其教学设计的出发点。几次跃迁中,课程的产生与发展,源自时老师对班级工作以及对学生的熟悉,也源自教育的智慧和灵感。

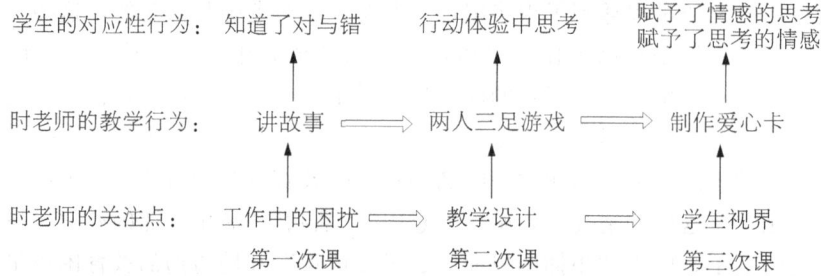

3. 时老师的课程实施呈现了不同阶段

时老师的课程实施过程很典型,很多老师与她有"同样的经历",从开始对课程的抵制和不执行,到套用、尝试新课程,再到自主地、有效地甚至创造性地执行新课程,这一课程实施水平与霍尔(Hall G.E.,1987)和霍德(Hord S.M.,1987)总结的课程实施"未使用、定向、准备、机械地使用、常规化、精致化、整合、创新"① 这八个水平阶段基本是一致的。但

---

① Hall G E, Hord S M. *Change in Schools: Facilitating the Process*. New York: State Univ. of New York Press, 1987: 60.

是教师如何从新课程的未使用过渡到初步的尝试，机械地使用，在他们的理论体系中并没有给出这个关键点，也就是一个未使用过新课程的教师不必为使用新课程做"定向准备"以及"机械地使用"。霍尔的课程实施八个水平是理想化的、理论的，什么原因使教师决定放弃以前的工作习惯，尝试自己不熟悉的不能预料结果的行动？教师机械地使用了新课程后，是什么动因使教师延续使用，不断完善达到常规化、精致化的使用水平？我们在时老师的课程故事中看到，这种动因主要在于课程本身的实用功能，这种功能表现在能否解决工作中的困扰，能否改善学生成长中的问题，能否带来教育成效，当然也包括能否使校长满意，因为时老师在反思自己未使用新课程时，觉得"对不起校长"。这种功能一旦被教师领悟、确定，他（她）会自主地使用、完善新课程，甚至达到"精致化、整合、创新"的程度。对于这种由于课程的实用功能带来的教师实施的自主性也有相关理论对它进行了讨论。

三、教师课程行动转变的关键点讨论

1. 教师对于课程变革成本的知觉是教师认同新课程的核心

成本是获取利益必须使用的代价，教师对课程变革付出的代价和获得回报的估计构成他的成本知觉，成本知觉与教师的课程态度、课程认同感有关。1993年，在澳大利亚的沃（Waugh）和戈弗雷（Godfrey）进行的一项"教师对单元课程认同感"研究中，使用了七项相关变量进行调查：

(1) 课程带来的非金钱成本效益；
(2) 课程的实用性；
(3) 减低教师推行课程的恐惧和不确定性（学校的支援）；
(4) 对单元课程问题的关注；
(5) 其他人士对单元课程的支持；
(6) 教师在学校的课程决策；
(7) 比较过新旧课程后的感觉等。

经过问卷调查和量化分析后，沃和戈弗雷认为，影响教师认同的最重要变项是成本利益，此外还有对改革参与的程度，改革支持因素以及先前改革的经验。香港学者李子建在1998年进行的一项关于目标为本课程与常识科课程教师认同感的对比研究中，同样把"教师对课程改革的非金钱成本效益评估"列为五个变项之首。成本知觉影响着教师对新课程的认同，而对新课程的认同态度又影响着教师能否实质性地采纳新课程，执行新课程。那么，

在教师知觉中的成本与利益究竟有哪些？也有学者进行了总结①。

成　　本	利　　益
面对革新所需的额外学习时间和准备处理 放弃现有技能，学习未熟悉的技能和新知识 准备新教材和资源 涵盖新课程大纲所需时间 师生关系改变（如增加课堂师生交往） 学生在公开考试中未必取得好成绩 校长与教师、教师与教师之间的关系改变 教师自制权有削弱 对教师学科权威或有威胁	教师刺激及满足感增加 改善教室气氛 改善教室纪律 升职 参与革新的教师地位提升 参与决策的机会增多 师生、师师关系改善 增薪 增加资源 参与专业发展及支持活动增加

在上述表格中，教师对于利益知觉的十项中，有九项是非金钱成本，有六项与教师的教育效能感有关。更有学者把教师期望的成本利益回报直接定义为"指学生的积极反应与其学习素质有所提高"②。

在时老师的故事中，她曾在"品德与生活"课上听写语文生字，事实上也是通过不执行新课程体现她理解的教育成本回报——学生成绩的提高，接下来促成她的课程认同感转变的因素是她发现了学生的教育需求。她尝试着使用新课程后，获得了学生的行为改变，她的尝试行为获得了新的回报，看到了这门课程隐含的新的利益，这样，时老师对于"品德与生活"这门新课程的成本知觉发生了变化，在后来不断的"延续"中，不断获得回报，以至在讲述故事的时候形成了较好的课程认同。因此，在这个个案中我们看到，能否获得工作效益是影响教师认同、执行新课程的核心因素。

2. 教师的课程态度与尝试行为相互验证

冯治华（Fung，1995）③ 从学校变革出发，提出了一个创新 6A 过程模式，这个过程模式的特征在于变革的达成是非线性的，由几个重复的循环组

---

① Morris P. *Curriculum innovation and implementation*：*A cautionary note*. Educational Research Journal，1987（2）：49—54.

② 李子建. 课程、教学与学校改革：新世纪的教育展望. 香港：香港中文大学出版社，2002：100.

③ Fung A. *Managemeng of Educational Innovations*：*the Six—A Process Model in Wong*，*K.C and Cheng K.M（eds.）Educational Leadership and Change*：*an Internal Perspective*. Hong Kong：Hong Kong University Press，1995：69—85.

合而成，分认识、态度的形成、采纳、适应、行动和应用六个阶段。这个过程总体上依据一定的顺序，但事实上每一次尝试都可能导致循环的重新开始，也就是每一次采纳与尝试，都会形成对变革的再认识，这种新的态度又决定了行动者是否认同变革，采纳与再尝试。

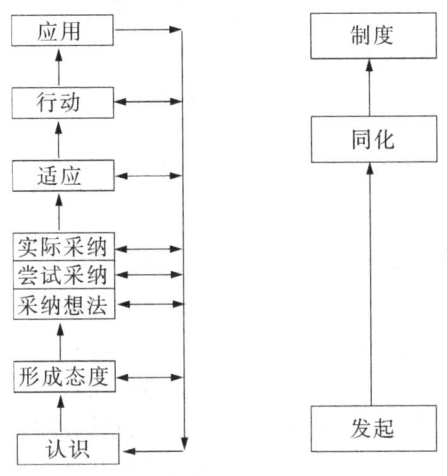

Fung（1995）创新过程模式

古斯基（Guskey T，2002）的研究也得出了相似的结论，他认为，在一般情况下，教师在信念和态度上显著的改变是当他们进行了成功的实践并且看到学生确实发生变化后产生的。古斯基提出的教师专业发展模式首先是教学实践的改变，引起学生成就改变，之后才引起教师信念与态度改变。[①]

在时老师的故事中，当她发现《品德与生活》教材中的插图"都像我班孩子"的时候，已经形成了一种对这门新课程的态度，成功地采纳、尝试后，进一步确证了自己的认识与态度，这样她又投入了更多的热情与精力，设计更有实效的主题单元活动，但同样，如果时老师的尝试失败了，如同上面图表中的循环过程，尝试的结果也会回馈态度与认识，影响再采纳，再尝试。这样一来，教师的课程态度与课程变革行动是在不断的相互修正中发展成熟的，因此，当教师怀着尝试的态度初步采纳、执行新课程的时候，适时地帮助、引领、合作，或者给与其技术、技巧促成成功影响着教师对于接受变革的态度，也影响着变革行为的持续有效。

---

① Guskey T R. *Professional development and teacher change*. Teacher and Teacher Education, 2002（8）.

3. 自主、实践、交往在教师专业发展中的作用

教师专业发展的过程也是教师自主学习的过程，这一点与很多独立性、实践性较强的职业是相似的，对于在实践中自主学习的要素与模式，欧洲学者费奥（Fyodor）和博迈森（Bomaisen）曾提出一个"学习立方体模型"①，X 轴代表学习内容的实践性，Y 轴代表学习过程的交流性，Z 轴代表学习的自主性，三个轴共同构成了专业学习过程的核心支点。

借用此模型，我们可以很好地解释教师专业发展的要素与模式，也就是自我发展的愿望、实践演练以及与同行专家间的交流合作可以形成教师专业发展的三要素，这三个要素间的关系又是相互构成的，也就是：自我发展的自主性和愿望决定着教师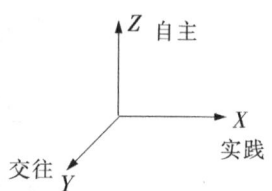怎样去实践，实践中能融入多少自我观察、反思，以及能否敏锐地吸收、采纳理论和别人的经验；实践是教师必然的工作状态，渗透了自主、学习、帮助、合作的实践是智慧的实践，不断提升品质的实践，有成效的实践才能回馈自主发展的愿望，筛选交往的有效性；交往自然在实践中产生需求，交往的前提是合作沟通的意愿，也就是要有发展的自我愿望，才会构成交往。在时老师的故事中，最初的实践尝试是抱着试误的态度，实践中的成功强化了开发课程功能的自主愿望，成功的热情与愿望支撑了友善、积极、互补的教师合作与交流。这期间，不管是出于对学生的责任感，还是出于自己专业发展的动机，对教育效能的追求的自主性贯穿在她的教育行动中。

---

① 余凯成，程文文，陈维政．人力资源管理．大连：大连理工大学出版社，2001：205．

教师课程实践知识研究的
反思与启示[①]

20世纪80年代后,教师知识研究成为推动教师专业发展和课程变革的热点话题,对于这个问题,不同的学者有不同的关注点,如有的学者讨论教师应该知道的知识体系是什么,有的学者通过叙事的方式揭示教师知道的究竟是什么,还有的学者关心对教师而言什么知识是最重要的,以及究竟是谁生产了知识等。各种学说、研究方式的出现都有各自依托的一套理论体系,都在实践中产生了或大或小的影响。在这些有关教师知识的争论中,应该说都离不开怎样看待教师的理论知识与实践知识关系的问题。

一、教师知识研究中理论知识与实践知识的范式变迁

1. 引导实践的理论知识研究

20世纪80年代后,教师职业专业化成为世界教师教育运动的核心议题,研究者假定教师有一套全面、正确、科学的知识是教学实践有效的前提,因此,教师应该拥有什么知识,或者说一位成功的教师应该知道什么成为研究中想要梳理清楚的问题。这一时期,盖茨(Gage)、伯利纳(Berliner)、顿克(Dunkin)、维特罗克(Wittrock)等人的研究最为著名。[②] 盖茨在《教学艺术的科学基础》中谈到,虽然不能把教学理解为一项科学,但是教学艺术是基于科学的,这个能够称为教学基础的科学是心理学,是由大学受过专门训练的学者生产出来的,专业的研究者可以通过建立知识变量与相应的行为结果之间的科学关系,运用社会科学的研究方法,为有效的教学生

---

① 本文是作者参加第九届两岸三地课程专家研讨会(2007,台北)的会议论文,部分内容发表于《教育发展研究》2007年第22期。
② Gary D Fenstermacher. *The Knower and the Known: The Nature of knowledge in Research on Teaching*. Review of Research in Education, 1994 (20): 3—59.

产固定的知识。他们坚信,只要他们的研究方法是科学可信的,那么他们获得的教师教学必备的知识这一结论就将是安全的。这些研究把教师知识看成科学、固定、系统的,可以观察,可以测量,可以被明确地表述出来,它由大学的研究者生产出来,并通过培训等传播方式传递给教师,教师是这些研究成就的消费者。这些研究在西方教师专业化运动中,为制定教师的行业标准作出了贡献。20世纪80年代以及90年代的早期和中期,中国大陆的相关研究也具有相似的特征。

2. 实践知识研究的出现

20世纪八九十年代,在反理性主义社会思潮的推动下,一些学者不满足于大学生产知识及学校教师消费知识的假设,认为那些用科学实证主义方法生产出来的知识造成了研究与实践的隔阂,而抽象化、范畴化的知识与教师专业活动或日常活动中的知识及经验有本质的不同。伴随着教育研究方法论的转向,一些学者开始摒弃技术理性的研究范式,在实践中寻找教师的知识,也就是研究者不再关心教师应该有什么样的知识,而是教师有的知识究竟是什么。这样的研究主要有两条研究线索:一条以艾尔贝兹(Elbaz)、康纳利(Connelly)和科兰蒂宁(Clandinin)为代表,通过与教师合作,揭示隐含在教师日常工作中的真实的知识;另一条线索主要是舍恩(Schon)、芒比(Hugh Munby)、拉塞(Russell)和一些加拿大、美国的研究者,提倡通过教师反思,建立教师的知识。艾尔贝兹是最早关注教师实践性知识的学者之一,她通过与加拿大的一位英语教师访谈等方式,发现教师是如何在工作中作出选择和形成决策的,通过教师自己的"回顾",确定支撑教师形成选择和决策的知识的本质与特征,她把这种知识称为实践知识,实践知识是教师对该情境反映的一个函数[①]。实践知识可以包括教师理解的学科内容、观念、价值观、职业承诺和生涯规划等,也就是她认为的教师知识不仅是关于知道怎样做事情的知识,而且包含有命题性的内容。康纳利和科兰蒂宁同样关注实践知识,他们否认教学是理论的应用,认为教学是通过他们所称的教师经验的"叙述整体"而实现的理论与实践的整合。在他们的研究中用访谈、讲故事、绘画、日志、写故事、概念图、追踪观察、现场笔记等方式,考察教师的学科内容、观念、价值观、职业承诺、生涯规划、实践的

---

① Elbaz R. *Teacher Thinking: A Study of Practical Knowledge*. London: Croom Helm, 1983.

规则、实践的原则、意象、伦理情感、专业经验、分水岭、个人哲学、隐喻、周期、节奏、叙述连贯性①，以此透视教师知识的整体状况及形成这些知识的原因，在教师的叙事中发现教师和学生如何在他们的生活中创造意义。这些独特的研究顺应了20世纪社会研究中认识论、方法论的范式变迁，以诠释学为基础，开阔了人们的研究视野。在克兰迪宁和康纳利的著作中，都是"同教师一起"而不是"关于教师"，这些研究的产生也起到了加强教师专业地位的作用②。与上面知识在教师的叙事中相对应，舍恩等人则认为教师知识是在行动的反思中建构的，他认为，"在真实的实践中，问题不会自然呈现在实践者面前，而是要求实践者在复杂、疑惑和不确定性的情境中建构出来"③，然后再找出解释或解决问题的方法，反思的内容既包括对周围发生的一切，也包括对自己内心的关注。教师通过写反思日记，建立档案袋等手段对发生在教学行为、课堂事件背后的理由、观念等作有意识的思考，并加以启动、评判、验证和发展，使之升华为教育理论。教学反思要依赖于实践者的价值观、知识水平和教学经验等，它们会影响教师对教学困境的确认和建构，也影响其对方法可行性的判断。不管是在教师叙事中追溯知识还是在教师的行动中反思、考察、建构知识，康纳利、科兰迪宁、舍恩等人持有的认识论信念是一致的，他们放弃对教师应有的固定知识体系的清理与考察，把知识看成动态的、个体的、随情境的变化而变化的。对此，我国学者陈向明（2003）、姜勇（2004）等也作出了相应的响应，认同并使用了教师实践知识的概念及特性。舍恩的教学反思性理论也在我国新课程改革背景下，成为倡导教师专业发展的重要方法。

3. 实践知识的认识论解释

对人类活动方式的划分从亚里士多德时代就开始了，他把人类活动分为实践的、创制的与理论的三种④。在亚里士多德看来，理论具有优先的地

---

① ［加］康内利，柯兰迪宁，何敏芳. 专业知识场景中的教师个人实践知识. 华东师范大学学报，1996（2）.［加］康纳利，克兰迪宁. 教师成为课程研究者. 刘良华，等译. 杭州：浙江教育出版社，2004. Annekezanting. *Using Inerview and Concept Maps to Access Mentor Teacher's Practical Knowledge*. Higher Education，2003：195—214.

② John Willinsky. *Personal Practical Knowledge Series*, by the Ontario for Studies in Education. Curriculum Inquiry，1989.

③ Donald Schon. *Educating the Reflective Practitioner：Toward a New Design for Teaching and Learning in the Professions*. San Francisco：Jossey—Bass，1987：66.

④ 徐长福. 论亚里士多德的实践概念. 吉林大学社会科学学报，2004（1）.

位，是一种沉思活动，人通过这种沉思达到对世界的不变原因和原理的认识，实践主要指伦理的行为和政治的行为，创制主要指生产和技艺活动，其间，理论活动和实践活动的区别在于，理论活动的本性是求知，实践活动的本性是求好（善），理论活动的意义在于提供知识，实践活动虽然也提供知识，但根本意义不在于知识，而在于使人们的生活更加恰当，理论活动是高于实践活动的。三种活动的划分为当时希腊社会的等级制度奠定了意识形态的基础，也给人类自身活动的认识遗留了理性主义的倾向，理性是第一性的，理性永远主宰控制着非理性因素，如人的本能、意志、欲望、情感，人类求知时采取的根本途径是静观和抽象思维而不是实践。19世纪以后尤其是20世纪的哲学普遍发生了认识论的根本转向，如马克思实践哲学把理论看成历史性的，在人类历史性的社会实践活动中创造出来，并被统一在实践活动中。"人们按照自己的物质生产率建立相应的社会关系，正是这些人又按照自己的社会关系创造了相应的原理、观念和范畴"，"所以这些观念、范畴也同他们表现的关系一样，不是永恒的，它们是历史暂时的产物"，"每一个原理都有它出现的世纪"[①]；实践诠释学对20世纪的影响更为深远，它把实践作为人自身存在的状态，强调人只有基于人的存在的实践才能逐渐转向纯粹的知识，实践的形式可以是理解与解释的，可以是交往的，也可以是语言的。在教育中产生深远影响的实用主义哲学家杜威在看待人类的实践生活时，有着与实践哲学很相近的见解，他认为人生活在危险的世界之中，便不得不寻求安全，人寻求安全有两种途径，一种途径是试图同他四周决定他命运的各种力量进行和解和顺从于命运，而另一种途径就是发明许多艺术，通过它们来利用自然的力量，这个艺术就是改变世界的方法，"按照这个理论来说，概念是当我们对存在采取行动时在理智上所运用的工具"[②]。理论不仅为实践服务，而且是实践的一个环节。这样一来，在前面谈到的教师知识研究中，从规范一套既定的理论体系，到在实践中发现、建立教师的实践知识，这一转变与人类对自身活动特征的探索历程是一致的，在当下，对教师实践知识的关注，是教师知识研究发展自身的演变，也是人类认识的时代特征的体现。

二、对实践知识研究的反思

1. 实践知识需要有相对的确证性

教育哲学学者范斯特马彻（Gary D Fenstrmacher，1993）认为，教师

---

① 转引自：王南湜. 理论与实践关系的再思考. 浙江学刊，2005（6）.
② 杜威. 确定性的寻求. 上海：上海人民出版社，2004：1，110.

实践活动中不必然产生实践知识，也就是说，既然称其为知识，还是要有相对的稳定性。他认为康纳利和科兰蒂宁是比较坚定的持有实践知识概念的教师知识研究者，但是他们较少关注知识应该被检验的问题，他们努力揭示教师究竟知道什么，只是站在一个研究者的立场进行考察，忽视了教师知识应该获得验证，这对教师专业发展是没有好处的。他认为"舍恩和科兰蒂宁等的一些研究过于轻率"①。范斯特马彻的忧虑是有道理的，至少实践知识的研究倾向容易在实践中产生误解。教师实践知识的产生，就在于人们发现用理论的思维方式进行实践活动的悖论与困难，但是如果简单地把问题颠倒过来，把实践中获得的结论当做知识去记载，信奉，同样会出现问题。不是说实践中不能产生知识，但是实践中产生知识是一个历史的过程，对偶然事件的反思可以构成经验，但未必是知识或理论，即便是可以指导自己的知识或理论。范斯特马彻的提醒是值得重视的："有很多有关教师实践知识的研究，清楚地表现了教师的信念、直觉、感觉、反思的知识，但这里的认识论难题是这些心智活动不一定会带来真正的知识，这些被推断表达出来的心智活动内容必须经过认知价值的检验，缺乏认知价值，不管什么样的教师理解、信念或者觉识都不能被定义为知识，至少不是有认知价值的知识，占有认识论价值，才可能被确定为知识。对实践知识的使用要慎重，实践中生成的东西也是需要检验的。"②

2. 实践知识是相对的个别性

实践知识需要确证，但问题是存在像检验理论知识那样的检验实践知识的检验方法吗？如果实践中的依据是完全个别性的，是绝对相对的，显然就难以确立这样的检验标准，问题是人类的实践活动是一个绝对的个别运作过程吗？我国哲学学者王南湜认为"从实践的对象上看，的确是不同的个别事物，但从主体的实践方式上看，不可能把每一个对象都使用个别的方式"③，他认为个别地对待每一个别的事物，那只能是一种审美的理想，即便在审美活动中，我们也很难做到个别地对待每一个个别的事物，而只能是尽可能地追求这一点。否认实践活动方式的绝对个别性不是承认实践中可以像在理论

---

① Gary D Fenstermacher. *The Knower and the Known*: *The Nature of knowledge in Research on Teaching*. Review of Research in Education, 1994（20）: 3—59.
② Gary D Fenstermacher. *The Knower and the Known*: *The Nature of knowledge in Research on Teaching*. Review of Research in Education, 1994（20）: 3—59.
③ 王南湜. 理论与实践关系的再思考. 浙江学刊, 2005（6）: 5—14.

活动中使用抽象的普遍法则，而是设想建立一种介乎理论的普遍性方式和完全个别性方式之间的方式，一种"有限的个别"或准个别方式，即把对象归结为各式各样或大或小的类，按照事物的类别去实践。简而言之，个别地对待个别的事物，这不是人类的能力而只有神类的能力才能胜任的。这样一来，"这个实践的世界只能是一个由人类实践构建起来的世界，只能是一个多少类型化了的世界，一个准个别事物构成的世界"①。实践知识是相对的个别性知识，它是可能被类比，可能被模仿的，也是可以被感受、被评价的。

3. 审议作为实践知识检验的方式

如何检验实践知识，的确难以找到固定的规则、体系。但是，西方学者史密斯和李特②（Cochran—Smith & Lytle，1999）以及范斯特马彻都很认可用教师审议方式作为检验实践知识的做法。史密斯和李特非常关注教师和大学研究者合作的话题，事实上他们的想法是对舍恩教师反思的发展，把教师的个人反思与理论的解释结合起来，把教师同伴间的研究与专业研究者结合起来。因为在这样的审议中，理论性的知识、话语被理解了、发展了，形成了新的判断模式，更加适应实践的话语，另外审议也满足了实践知识的价值特性，能够考虑实践中的道德问题。

4. 区分实践知识的性质与实践认知的类型

范斯特马彻认为在教师知识的研究中，首先应该明确知识的类型和认知方式之间是不同的，前者说的是知识的本质是什么，后者说的是人们怎样获得知识，"两个人按照不同认知方式去考察的时候，他们获得的结论是不一样的，他们看到的东西是不一样的，然而知识的认识论类型也许没有改变"③。为此应该对教师和大学研究者的工作方式加以区别。

教育研究中存在两种主要的认知方式。一种是教师职业经常使用的认知

---

① Cochran—Smith & Lytle. *Relationships of knowledge and practice：teacher learning in communities*. Review of research in education，Washington，DC：American Education Research Association，1999（24）：249—296.

② Gary D Fenstermacher. *The Knower and the Known：The Nature of knowledge in Research on Teaching*. Review of Research in Education，1994（20）：3—59.

③ Cochran—Smith & Lytle. *Relationships of knowledge and practice：teacher learning in communities*. Review of research in education，Washington，DC：American Education Research Association，1999（24）：249—296.

方式，一种是理论研究者经常使用的，两者研究的目的不同，但他们都会从事实践性知识的获得。理论研究是将属性联结成道理的思维过程，思维依靠直觉顿悟与理智分析。这种研究也会走进实践情境，但是是为了提取实体中的属性、关系，"获得知识"。正是由于理论研究对实践情境各种属性分门别类的揭示，对实践情境的认识才不会空洞无物，但毕竟追求无矛盾是理论思维的本性，研究过程的指向会更关心总结普遍之理，也就是研究的焦点在研究对象属性、关系的普遍之理，共同的本质；而教师的实践研究则是用直观的判断分析研究对象的现实结构，以及要素特征，在这种研究中正是尽量多地考察，理智地描述，揭示课程情境中各要素的非本质属性、整体的特征，当然这种整体不可能、也没有必要穷尽研究对象方方面面的认识，同样也是以研究问题为核心的价值筛选，这种研究为理论规则与模型同化到现实结构中提供依据，为进一步的决策、价值判断提供依据，为实践合理性的权衡提供依据。知识性质上的统一并不等于教师的实践活动可以像理论活动那样产生产品，研究中实践者与教师使用的思维方式，甚至研究的工具与方法都是不一样的，教师的研究指向问题解决、具体的运作方式以及获得情境中问题的结论。

三、教师实践知识的运用特性

教师工作是实践性很强的专业活动，在这样的过程中理论知识与实践知识相互穿透统一于实践中，并以判断、决策与行动方式表现出来。

1. 教师情境中的判断具有模块、模拟的特征

这是一个需要审慎处理的度的问题，我们对传统课堂的批判在于它机械、呆板、程序化，教师把面对的学生都视为一类人，把所有的课堂简化为一类情境，因此我们呼唤课堂应该具有生命性、生态性、生成性等特征。但是正如认识论学者提示的，人类实践中对各种事物分门别类的对待也不可以被推向极致，教师在经历实践问题的时候，也就是对情境进行解释的过程，是自主建构的过程，具有使用组块思维、模拟思维的特征，他会把眼前的状况和面对的学生归结为自己或别人的某类判断。而正是有这种模拟、归类，人类认识事物才有可能性。绝对的个别可以代表事物实际的状况，但这种认识是人类达不到的，正因为如此，实践中的认识是主观建构的过程。教师在处理个别事物的时候，同样会把个别事物归入实践知识结构中的某个类别、样式，并努力在原有的结构中顺应，平衡，因此原有的实践知识结构对教师新的判断具有塑造的作用。

2. 教师的决策是各种因素的博弈

应该澄清的是，对教师实践知识研究的反思并不是要否定教师知识的实践特性。应该说自从人们关注教师实践知识以来，就已经承认并顺应了教师工作中对知识使用的非系统性、多元性、多层次的特征，也就是他们的思维过程并不依赖某种一以贯之的理论或逻辑，而是在情境中的选择过程，是基于情境的需要，在众多的原则、惯例、认知、经验中提取元素，并瞬间组合形成判断，至于选择什么样的元素，为什么选择这些元素是一个模糊的过程，可以判定的是它不仅受到教师认知经验的影响，还包括教师的信念、情感、需求、生活经历、人格、动机等复杂的因素，最终采取的策略是各种因素博弈的过程。

3. 教师对实践知识的验证取决于问题解决的效用

理论知识对教师原有知识的反思、引领，教师自己或同伴在实践中获得的结论，都会冲击教师的知识结构，最后能否成为教师信奉的实践知识，取决于教师运用知识及经验后看到的对实际问题解决的效用。但是在运用知识、经验的过程中，如果教师对理论本身有误解，认为理论可以直接在各种情境、各种人和事中作绝对的、全面的指导，或者对效用的标准定为眼前的、窄化的利益，都难以形成恰当的验证结论。也正因如此，实践知识需要在审议中，在即时对话中检验、修正、传播。

四、审视教师实践知识的构建途径

1. 实践知识始于偶发性的反思

也就是要对教师反思的问题有深入的反思。有的教师说："近些年，我们学校也在倡导教师作反思，我们每周都要交一篇反思日记，但实际大家也不太知道怎么反思，其实我就是想一下自己的工作做得对不对，应该怎样改进。"教师通过观察获得的判断可以有两种：一种是规范性判断，一种是描述性判断。教师反思的意义应该在于把描述性的判断上升为规范性的判断，或者用相关的规范性判断衡量、解释描述性判断，这样才能形成反思的"价值"。对事实的描述尽管鲜活生动，但不应是教师反思活动的终点。西方学者克拉克曾经这样提醒：过去对于教师反思的倡导仅仅号召教师多作反思，或者要求教师谨慎思考自己在做什么，为什么这么做。他认为这种口号式的倡导虽然提醒教师努力思考，但不一定有利于教师的专业发展。更有深度的研究要求教师回答这样的问题："一个人如何努力思考？思考什么？思考的目的是什么?"① 人的行动必然伴随着思考,称得上反思的活动并不是都可以预期的,反思活动是偶发的、主题性的。艾诺特(Ainuote,1994)也认为舍恩作出的关于"行动中反思"及"对行动反思"的区分,是理论性的,而不是真实性的,在检视真实发生的例子时,很难在两者之间画一条泾渭分明的界限。② 教师反思不是时间与数量上的要求,当"偶然"事件出现的时候,它需要借助一些程序、平台或者活动方式去加深或延伸思考,教师反思必然与验证性的行动相连,必然与他人或理论的对话相连,而偶然事件的出现却是非预期的。

2. 合作需要一定的前提条件

舒尔曼在谈到理论对实践的批判意义的时候,提到一种"中介理论",也就是不把理论作为必然的法则,直接预测、控制教育的实践行为,但是理论必须充当提供教师反思、监控、约束的元素,"即使受到范围和寿命的限制,它们也能对教育的实践性思考作出批判性的贡献,增加对观察现象的理解"③。这样,一方面,理论没有绝对的指导权力,另一方面,实践也不能在没有任何约束的情况下走向绝对的相对。在实践中,理论与实践的关系有时具体表现为研究者与教师的关系。当前可以达成共识的是简单套用知识的权威性评判教师情境中的行动,自然是不恰当的,同时这个问题还有另外一面,在沟通中,有些教师也惯于被动地等待研究者宣布"正确答案",甚至对正确答案的期望是能够直接解决问题,而不是解释问题。研究者与教师的沟通是必要的,但沟通的前提是教师主体性的在场,接纳理论对自己实践知识结构的调整甚至"破坏",另一方面研究者也要拆卸自己系统逻辑的理论知识结构,学习在变化、复杂、混沌的情境问题中适应、提取、批判以及创造。

3. 教师的实践知识不必然具有普适性

教师是知识的拥有者,也是知识的创造者,教师作为研究者的角色定位是应该肯定的,但是这种知识、创造、研究应该被恰当地限定与认识。教师的研究是实践的研究,目的在于解决问题,不是建设理论,教师的理论知识是在具体情境以及解决个别问题的过程中以解释和运用的方式表现出来的。

---

① Anthony Clarke. *Born of Incidents but Thematic in Nature: Knowledge Construction in Practicum Settings*. Canadian Journal of education, 1998 (23).
② 徐碧美. 追求卓越:教师专业发展案例研究. 北京:人民教育出版社,2003:50.
③ [美] 李 S. 舒尔曼. 理论、实践与教育的专业化. 王幼真,等编译. 比较教育研究,1999 (3):36—40.

在运用的过程中教师可能会丰富、发展、限定、修正理论认识，但是这些具有创造性的认识不必然具有普适性。当然，有很多教师具有验证实践知识，并将其升华为理论的能力，但只能说明他们正在扮演两种知识者、研究者的角色，对于大多数教师而言，是很难做到的。但是优秀的教师实践知识，仅仅在周围的同伴中传播毕竟是有限的，何况随着教师的退休，这些实践知识也就自然消失。因此需要有更多的理论工作者以实践知识为思维的对象，走进教师的工作情境，用归纳、概括、提炼的认知形式，加工、整理、升华、传播，最终完成实践知识对理论知识重新建构的循环。

教师合作团队的结构与方式[①]

我国中小学教师一直有着合作的传统，从 20 世纪 50 年代开始，就有同学科或者同年级组集体备课或者集体会议的制度。新课程改革，改变了我国的课程政策，国家只给出宏观的课程标准，教师有权力也必须对课程进行再设计，一些新的课程类型如综合课、综合实践活动也需要教师以合作的方式执行，校本课程的开发更需要教师在合作互助中探索。教师合作作为推进课程发展，保证新课程有效实施的方式再次被提出并受到重视。教师合作对学校文化以及学校教育质量影响的意义已经成为人们的共识，但现实中新的社会行为的倡导依托的是具有强大惯性的学校文化和学校制度，合作难免出现问题。

一、目前教师合作中出现的问题

1. 合作方式的规范，教师在合作中是消极的

既然合作是新课程之后被强调的教师专业发展方式，那么合作也便成为表明新课程落实程度的标志，于是定期举办的教师研讨沙龙、新课程讲坛等便成为很多学校教师规范的合作方式。正式组织的运营需要的是统一的行动规范和强制力，而教师合作的真正意蕴不是外显行为的聚合，而是一种伴随着情感融通的思想"共谋"，刻意地要求合作的时间、场地，甚至指定"合作"的内容等于消解了每一个个体思想的自主性、独立性，强制教师思考并非自己发现或关心的问题。合作是学校落实上级精神的标志，自然就成为教师被动履行的行为义务。

2. 行政权力的僭越，教师在合作中是沉默的

教师间的听课、评课是教师相互拓展思路、促进自我反思的方式。同时，听课、评课也是学校管理者了解教师工作态度和工作质量的有效方式，

---

① 本论文为中国教育学会课程论专业委员会 2006 年年会参会论文，发表于《教学与管理》2007 年第 5 期。

同样的两种方式，实现路径相同，但目的、意义不同。听课、评课的团队中包括了校领导、年级组长，而这些具有监督、管理权限的人又没有恰当的角色转换，研究与管理职能混淆，行政权力僭越专业思考，教师认可管理者的态度成了一种自我保护的生存方式。

3. 业绩评价的异化，教师在合作中是抵触的

非人性化的考试文化对立了学校中的同事关系，如果因为班级的期末成绩，老师被"末位淘汰"，谁会与同伴谈自己的经验呢？管理学中按照员工的竞争意识把人分成鹰型人物与鸽子型人物。争强好胜，竞争意识多于合作意识的人物是鹰；相反，喜欢平稳，不要求自己一定业绩突出的鸽子型人物很容易与同伴相处。异化的教师评价标准与教师福利、地位甚至生存超强连接，所有的老师都被变成了"鹰"。

二、教师合作的有效性策略之一：创建结构

教师怎样合作才是有效的合作？形成教师研究的团队被认为是教师合作的有效方式之一。那么，这个共同体或者这个团队的结构特征就应该是保证团队合作有效的值得研究的问题。

我们先来看看管理学中对于高绩效团队的构成及特征的描述：在工作场所里，工作团队或者高绩效的团队往往有以下几个特点：首先，高绩效团队的规模往往比较小。其次，在他们合作的过程中，成员形成了互补的技能——包括技术技能、解决问题和决策的技能、人际关系的技能。第三，团队成员对激励自豪和责任感的团队目的形成了共同的有意义的理解。第四，团队有一系列共同的、与团队的目的直接相关的无可置疑的目标。第五，团队成员投入时间来理解他们将怎样合作以完成其目的和目标与怎样提升相互信任和成功必需的建设性冲突水平。第六，该团队有足够的奉献和信任负担起一个团队的责任。[①]

对于在学校中的教师合作团队的构成与特征，教师教育研究者麦克琳（MacLean）和默尔（Mohr）也有过相当细致的描述，他们认为研究团队可以有3—5名成员，他们对于有关的课堂实践问题相互合作、质疑与促进，并分享合作的乐趣。这样的团队在学年中每个月讨论两次，在讨论中，每个成员都要谈自己在这一阶段的研究情况，其他成员仔细地听，团队中至少要

---

① Katzenbach J, Smith D. *The wisdom of teams*. New York: Harper, 1993. 转引自：巴洛赫. 合作课堂. 曾守锤，等译. 上海：华东师范大学出版社, 2005.

有一个人有教师作研究的经验。在研究团队的会议中大家分享见闻，讨论分析研究日志中的资料，使最初的发现变得清晰，教师组成合作团队可以降低教师工作的孤立状态，分享经验，解决问题。① 为了使团队工作更有效，研究小组应包括三方面的元素，即：教师合作组织中的成员有一个共同的学习目标；围绕这一共同的学习目标，教师们分工、合作、积极互赖，共同努力来实践完成这一目标；在达成目标的活动中，教师每个个体在原有基础上都获得专业成长。② 我们总结相关论述，教师合作团队的有效与下面必要的构成要素有关。

1. 稳定且人数适当的成员

团队的人数与凝聚力有关，在小规模的团队中每个人都是构成团队的一个重要支点，这样才会有属于每个个体的权力与责任，当然人员流动也会给团队带来严重的影响。在团队中还要有一个人扮演领导者的角色，这个团队中的领导者未必有行政职位，但要善于沟通，有组织能力并且具有研究的经验以及相当的专业判断能力。他的主要责任是：提醒大家按期组织小组会议，掌握公共联络信息，如电子函件地址、电话号码等，选择适当的会议地点，协调关系保持团队活力，建立团队功能，当团队成员有意见分歧的时候，通过团队的研讨使教学与研究建立联系，提供研究方法论，为团队成员提供指导等。③

2. 共同且明确的工作目标

一个团队的组成就是依靠一个小组的"共同的意愿"，明确的目标是研究团队存在的最稳定的因素之一，是教师可以合作、持续合作、关注研究问题的动力。如共同开发一个课程，解决教室里碰到的相似问题等，这个"共同的意愿"是核心问题，若组成这个团队的时候，成员没有急迫要解决的事情，或者团队的目标太宏观，近期无法实现，合作研究变成被动的、不得不履行的额外工作，自然没有意义与效率。

3. 团队认同感

团队的认同感包括两个方面：一个是成员对团队的认同感，一个是成员之间的认同感。认同感可以保证团队成员互相尊重并遵守团队的规则，在存

---

① *A my Anderson*, *An Introduction to Teacher Research*. http://www.learnnc.org.
② MacLean Marion S & Mohr Marian M. *Teacher-Researchers at work*. Berkely. CA: National Writing Project, 1999.
③ MacLean Marion S & Mohr Marian M. *Teacher-Researchers at work*. Berkely. CA: National Writing Project, 1999.

在意见甚至利益分歧的时候做到充分沟通与包容。认同感决定着团队文化的形成。

4. 成员的自主意识

自主意识看起来与认同感相互矛盾，事实上前者应该是后者的前提，关键是团队成员有自主意识并追求相同的结果。自主意识意味着研究者主体性的在场，是研究者有所收获的前提，也就是讨论要有真正来自于自己思考的声音。这种基于自己思考的对问题的解释与判断也许会引起争执，但也正是在争执甚至偏执中显现思想的意义，主体的价值、个体的发展就在对峙中展现出来。

5. 研究问题来自实践

理论是在实体对象中，在具体情境中提取实体、情境中的某类属性并分门别类地揭示，这样理论认识才会深刻与发展。但是这些已经被分门别类的属性、理论必然不可能解释一个新的实践情境的全部意义，或者说每一个实践情境都是复杂的，搀杂着学科的规律、学生的个性特征以及社会文化的潜在动力等。这些因素相互缠绕，有时甚至相互对立排斥地表现出来，教师需要在真实复杂的实践情境中作一个较为恰当的判断，并采取行动，因此教师的研究问题必然来自实践。把这些来自情境的、令人困惑的、有争议性的问题拿出来，探讨背后的原因、属性、规则，是反思的过程也是获得行动启示的过程。虽然情境是独特的，不可能完全重复，但教师面临的情境构成因素是相同的、相通的，可以通过思维的共性去感受、评价、分享。这种情境问题的研究不是简单地"就事论事"，不是刻意追求经验、理论的系统性，而是尽量多地反思、斟酌与情境问题相关的经验或理论，进行权衡、澄清并获得进一步采取行动的恰当决定。

三、教师合作的有效性策略之二：关注方式

教师合作团队有了合理的要素，那么这些要素如何构成，也就是这些要素的工作方式是什么，决定了合作的有效性。格拉桑恩（Clatthorn）认为，教师小组一起工作至少有五种方法，即专业讨论，课程开发，同行观察，同行指导，行动研究。[①] 约翰逊等关注的教师合作小组的活动是围绕课堂教学活动展开。它可以是一个共同设计、分别执教和共同处理分析的循环。在

---

① [美]戴维 W. 约翰逊，等. 领导合作型学校. 唐宗清，等译. 上海：上海教育出版社，2003：198.

这个循环中他们的工作内容可以归纳为六项：①经常进行合作学习的专业讨论；②共同规划、共同设计。大家分担了寻找课程资源与方法的工作；③分别或共同执教合作课，共同处理其结果；④共同评价合作课上得是否成功；⑤共同规划以修改、提炼和改进新课；⑥分别或共同执教新课。

我国的校本教研中已有的合作研究形式有集体备课、同伴观课、沙龙论坛、师徒制、课题研究等，我们把它归结为三大类：

（1）常规性的合作。围绕着实践中的问题，同年组或同学科的教师共同反思，争执，启发，相互接受，这是一种比较松散的团队，它可以在日常的教研组工作中出现，也可以在集体备课或教师讨论会中出现，这种行为称为团队合作。其前提是问题提出的自发性，结论的不可预测性，甚至伴随着持续的再行动，再研讨。

（2）任务性的合作。我国新课程中校本课程可以是教师自行研发的全新课程，也可以是对国家课程的编辑与改编，为了开发校本课程，同年级相同学科的老师，或者同样主题下不同学科的教师，聚合起来，他们的合作有具体的目标及时间限制，共同进行课程设计，协作实施，反思并交流经验、得失。合作的产品不仅是开发出的新课程，还有在相互启发中的自我发展。

（3）发展性合作。与大学合作作课题研究也可以有明确的研究目的，如果课题本身是来自教室、课程情境的真实问题，教师会在研究的收获中获得持续研究的动力。教师需要在团队中进行研究是为了在人际互倚中获得动力、力量与鼓励，获得新的信息、新的视角，最终教师需要在没有行政管理、监督甚至没有理论研究者对于内容的指导下建立团队，进行研究，获得发展。

合作研究：学校运营方式的创新[①]

2007年3月，长春市宽城区南京路小学的陈校长收到这样一份请柬："我三年组在3月26日至3月30日期间进行'五个一'工程的实施展示，届时，请各位同行光临指导。三年数学组"请柬的背面印着本次活动的组织人、备课时间、备课地点、备课人员、中心发言人、上课时间、上课地点、上课教师等。原来这"五个一"工程是学校从上学期开始开展的一项教研活动，以学年组为单位，共同准备一节课，一位教师做一节尝试课，参与研究的教师共同听课，课后集体做一个教学反思，讨论修改授课计划，然后，由另一位教师在平行班级再上一次重建课，还是经过观察、反思后，留下一篇大家可以共享的精彩的教案。用陈校长的话讲，这个工程可以说是备课、上课、评课三位一体。

如果单从教育研究方法上来说，这"五个一"的系列工程还不算是原创，上海教科所的"课例"研究模式，香港教育学院的"课堂学习研究"模式，乃至日本的"授业研究"都可以说是这种合作研究的知名范例。但是对长春市宽城区南京路小学而言，"五个一"不仅引入了一个新的教研活动方式，而且是领导倡议各学科组、学年组全员参加的常规性活动，它的意义就在于这是一个课程研究、教学管理、教师评价、教师发展一体化的学校运营方式。

用陈校长的话讲，原来的教师激励方式总离不开做课、评比、选拔，在这样的过程中，总是一部分教师是"常胜将军"，不断得到锻炼，更多的教师积极性受到打击，甚至被遗忘，得不到提升。因此，学校发展必须全体教师都动起来，并且是主动地行动起来，在这样的系列合作研究中，学年组的教师每人都有一部分工作，学校领导只是参与协助，年终评优只评年级组，弱化单打独斗的竞争，鼓励合作的成就。这种集体评优的方式不仅没有打消

[①] 本论文曾发表于《中国教育报》2007年5月1日。

教师竞争的愿望，反而让教师更加投入。年初的时候，二年组的一位老教师因为自己的孩子要去北京考研，本来非常想陪女儿一起去，但由于学校有规定，事假超过三天，就要有记载，年终评奖年级组有可能因此被一票否决，这位教师怕影响年级组的年终评比，影响年级组的荣誉，竟取消了去北京的计划，年级组其他同事知道后，以认真代课、周密安排教学时间为保证，到校长那里为这位教师争取了"特赦"。一个学期下来，陈校长作为参与者、协助者也被邀请参加了各个年级组的活动，她的感受是："以前，好的课堂让你赏心悦目，甚至下课都不忍离去，不好的课堂简直都坚持不下来，想要马上逃掉。经过教研方式的改变后，我们发现老师们上课都非常成形，这应该说是大家的智慧。"当然，评优课也不能完全取消，35岁以下的青年教师的评优课仍然要搞，但是这个评优课也不是一个人的战斗，参评教师是个人报名，学年组推荐，组内骨干教师要先上引领课，协同教师上预演课，大家共同拿出授课方案，再由青年教师代表学年组参评。

在学校运营机制中，要有研究、管理、评价、培养等多种元素，但问题是这些元素常常因为相互抵触而产生内耗。为了激励教师发展，教师上课、领导听课、评课，最后再选出个好中差，一二三等奖，这些做法在学校课程管理中也算是司空见惯了，至少这些方法总比仅仅以期末考试、全市统考的平均分来评价教师的工作能力、业绩要更具专业性。这些被评选出的优秀课或者优秀教师不仅要全校公布，而且要与教师职称、奖金、荣誉等直接挂钩，事实上是要求教师用某一堂课为代表，表明自己的工作质量，校长则以此检验结果为据代行管理。但是教师的工作是一项需要付出智慧和热情的工作，并不是完全被效益、利益驱动的，教师的工作又是一个长效的过程性的工作，教师需要在一个被尊重的文化氛围中成长，并为了赢得更大成就付出持久的努力。以评优课代行管理过程的做法便可能潜藏着这样的悖论：首先这一方式很难做到教师教学态度、教学行为的根本改变，这样的评价是与教学过程分离的，它的发生是间断的、偶然的，真实的教学过程难以预测、诊断与考察；另外，在评价的过程中，教师的心理状况会发生很多微妙的变化，影响评价的结论，甚至影响教师作为一个生命个体对职业的感受。一项关于教学评价过程中教师心理反应的调查（蔡敏等，2006）显示，在评价之前，教师会出现疑惧、紧张、被审心理，在评价中则有迎合、抵抗、应付、防卫心理，在评价之后出现的是敏感、纹饰、申辩心理等不良心理状况。究其原因，在评价过程中，评价主体与教学主体截然分开，或者是相对立的审视与被审视的关系，在被动的心理状态中，教师很难做到真诚的反思，有效的改进；再有，即便教师在评价中抱着积极的态度，准备从评价中获得检查、验证，促进自己行为的完善、改进，而这样的评价能够给予教师的信息却是残缺的、有限的，只是一些好与不好的结论，更何况这些好与不好的结论仅仅依据一些片段的事实，并不一定具有统计的意义，或者并没有深刻考察这些片断背后的原因、情境、经验等，教师也就更难分辨究竟好在哪里，不好在哪里，好与不好的程度怎样把握等。这样在简单的评比激励活动的同时，消耗的是教师的热情和责任心，以及发展的愿望。

而在这种教师合作的研究过程中，评价被置于研究的系统环节中，在这样的过程中，大家会有一个平常的心态，会把教学质量的改进当做一个持续不断的、渐变的发展过程，一节课要经历几次反复的研讨、设计、重新实施才可能完美，别人对自己的评价不具有终结性价值。而在这些情境化的点评中，评价者并不是对照某种绝对固定的标准确定教师课堂表现的对错好坏，而是尽可能地收集课堂中的信息，作为与教师共同讨论、反思的依据。课堂上教师的选择是各种情境要素之间的博弈，取舍选择的合理性是具体的，难以有绝对的标准，在这样的评价者的点评与教师反思活动的互动中，才有深刻的思想活动与认识跃迁，才有真正的研究。对于管理者而言，在这个评、研、培、管相结合的过程中，管理者、授课教师、评价者长期的合作，管理者获得的是教师成长历程的信息，他的评价可以是形成性的，也可以是个体内差异的，这种基于过程的管理方式，是人性化的管理；教师不同层面的发展功能会自然显现，教师之间能力、水平的差别会在研究、讨论、授课的过程中更加清楚地展现出来，优秀的教师在研讨中自然能表现出他们的智慧和思想，只不过这种展现伴随着专业的指导、相互的沟通，接受意见的教师也会更信服周围的评价。

教师集体课程决定的意义与局限[①]

一、教师课程决定

什么是课程决策，在简明国际教育百科全书中将课程决策定义为"对有关教育或社会化的目的和手段的一种判断，往往在学校范围内采用，并以教学大纲为中心"。其中，"判断"是"某种有意识思考的结果，代表了以一种特殊的方式去行动或产生一个预期结果的意向"[②]，也就是说，课程决策是一种带有意向性的判断，是对于课程问题的带有意向性的判断过程，这个过程中有慎思、选择以及抉择。进行课程决定的主体可以是一个人、几个人或一个团体。史密斯（Smith，1983）认为课程决定发生在每位教师界定的操作空间中，这个操作空间是教师知觉到的自由限度。[③] 教师每天都在进行课程决策，但由于每位教师对课程标准、教材、学生等问题的理解不同，自己认定的支配课程的限度也不一样，新课程后，我国教师的课程权力也发生了变化，教师决定课程的"自由限度"自然增长了，那么教师"操作空间""判断"中的问题值得我们共同反思。

1. 教师课程决定的层面与类型

课程本身存在几个层次，那么课程决定也发生在多个层次，古德莱德（Goodlad）曾经把课程决定划分为四个层面：社会层面、机构层面、教学层面、经验层面的课程决定，与之相比，克莱因（Klein）在1991年的补充则更为具体，他把课程决定分成两个领域，一个是课程决定发生的层面，一个是课程决定的主要问题，其中课程决定的层面延续了古德莱德的思路，具

[①] 本文是作者参加第十届两岸三地课程专家研讨会（2008，香港）的会议论文，修改后曾发表于《课程·教材·教法》2008年第12期.

[②] 江山野主编译. 简明国际教育百科全书·课程. 北京：教育科学出版社，1991：143.

[③] Smith D. L. *On the Concept of Perceived Curriculum Decision: Making Space*. Curriculum Perspectives，1983（3）：21—30.

体划分为七个可能的层面，学术的、社会的、形式的、机构的、教学的、操作的、经验的，这个顺序是根据与学生或远或近的次序，以及课程决定的主要焦点问题排列的；不同层面的课程决定都会关心九个要素，即课程目标、课程内容、课程资源、活动、教学策略、评价、学生小组、时间安排以及空间安排。在克莱因看来，这七个层次和九个要素构成了课程决定的双向矩阵。① 教师作为课程的决定者可以表现在几个层面中，例如，作为家长，他们的态度在"社会"层面影响课程决定，或者参加国家、地区的课程设计，他们又会在"正式"的层面影响课程设计，但如果把教师仅仅限定在教师角色中，主要还是在"机构的"、"教学的"、"操作的"层面进行课程决定。

考尔德黑德根据人们日常决策的特点，把教师决策分成三种类型：第一类决策涉及大量思考，辨别出可行的方案评估可能的结果，反思性决策；第二种是瞬息作出的决定，是突发事件来临时的"即时性决定"；第三种是经常做的决策，频繁出现，甚至成为自动化和常规化的东西，如果课堂问题不在预期中，教师就要作出"即时性决策"，如果经常出现，教师只需做常规性决策。②

2. 教师（课程）决定研究关注点的变化

（1）教师决定与学生学习结果之间的关系。这些研究出现在20世纪70年代之前，在实证主义、行为主义等方法论的影响下，为了证明教师工作的专业性，研究者运用相关分析、实验等研究方法，证明教师行为与学生成绩之间的关系，这时研究者的假定是教师的行为作为一种刺激，必然获得学生的认知以及理解过程的改变。

（2）教师如何作决定。随着认知心理学的发展，20世纪70年代后，研究者不满足于把课堂教学简化为技术的操作过程，开始关注教师行为产生的原因，也就是教师的思想过程是怎样的，教师如何作决定成为研究的焦点。研究者放弃量化研究而采用描述的方法，通过提供给教师资料，如一些自己或者别人的课堂录音、录像，让教师描绘出当时的思考过程，这些研究常常结合初任教师与能手教师的对比，考察教师如何理解、归因、思考、判断、评价，结果发现初任教师和能手教师在思想、感觉和行为上都有差别，能手教师的思考过程能对典型情境进行辨认并对学生归类，于是研究者坚信：

---

① M Frences klein. *A conceptual framework for curriculum decison making in the politics of curriculum decision-making*. Albany: State Universitu of New York, 1991.

② 转引自：徐碧美. 追求卓越：教师专业发展案例研究. 北京：人民教育出版社，2003：50.

"很明显，认知可以改变行为，课堂决定研究就是在认知水平上描述教学行为，教师可以据此分析、比较、建模他们的教学，用心理学的方法研究课堂决定将毫无疑问地有效地帮助教师教学。"①

（3）教师在群体中成长。随着知识观的转变以及人们对教育实践复杂性认识的逐步深入，人们的关注点不再是为教师总结一套既定的知识体系、技术规则，帮助教师发展，而是要揭示教师信念、情感以及实践知识等这些隐蔽的因素，这些研究采用了现象学研究方法，在生活世界的描述中表现教师工作的复杂性。此外，20世纪90年代后，研究者开始关注影响教师成长的群体因素。从关注教师个体到关注整体，什么在影响教师课程决定，除了稳定的个体因素，还有群体因素、情境因素，对教师学习个体与团体进行双重分析，"以学习团体为分析单位，考察专业共同体如何促进教师学习"（申继亮），教师在人与人的交往关系中成长，使个体在团体、情境的相互构造中学习。

二、我国教师集体课程决定的形式与特征

（一）我国教师集体课程决定的形式

在我国教师集体课程决定很多都发生在教师集体备课的过程中，新课程之后，教师在参与校本课程开发过程中，也出现了决定范围更广的集体决定，尽管目前并未涉及所有教师，但它的存在已是不争的事实。对于集体备课这种教师交流形式近些年在国内引起了较大的关注与争论，人们对它的评价褒贬不一，事实上，对于"集体备课"观点的针锋相对源自论争者所说的集体备课并非一种形式，即便是一种形式在操作中的实然情境也是不一样的。因此，在讨论意义与局限之前，应该清理一下教育实践中各种教师集体课程决策的形式。

1. 整体解读式

一般发生在区一级甚至市一级的集体备课中，采取有关学科负责的教研人员宣讲的方式，整体解读本学科在本年段的教学目的、内容等新课程后，这种解读也关注在课程标准层面上，阐述学科的性质、任务，强调教学过程要关注学生。但是由于参与教师人数较多，以及这种解读有管理、培训的性质，所以这种课程决定中信息是单向流动的，是对每位教师"操作空间"的框定。

---

① Calderhead J. *A Psychological Approach to Research on Teachers' Classroom Decision-making*. British Educational Research Journal, 1981 (7).

2. 流程约定式

流程约定式发生在学校内部，一个学年组或学科组中，是大多数教师真正参与课程决定的地方。这种形式是最普遍，也是目前引起争议最大的教师课程决定形式。这些决定可以在学期之初，讨论对教材进度作统一规划，制定课时比例安排，也可以在每个单元甚至每节课上课之前，拟定具体的重点、难点、上课的流程、使用的资源、考试的方式、范围等。目前，很多学校采取"分工备课，组内共享"的办法，由一名教师重点准备一个部分，在备课会议中作中心发言，其他教师通过补充、建议等方式加以完善。

3. 课例研究式

课例研究是近年来在课程变革的推动下出现的新的教师教研形式，也是被教师认为最有效果的课程研讨与决定形式。在学科教研组内大家以一个单元或一堂课为代表，商讨、设计课堂内容、组织形式、使用的资源、呈现的方式及时间节奏等，由一名教师进行初次的教学尝试，其他成员进行课堂观察，之后所有参与教师再进行反思、讨论、修改，并在另一个班级尝试使用新方案教学。还有的教师将外出考察带回来的名师授课录像甚至国外学校课堂录像在教研组内播放，组内教师共同分析、评论。由于这些讨论不仅考虑教师本身对知识的理解，不仅有对教材内容的共同约定，还关注学科教学法的共识，也就是讨论、认同的是课程目标、内容以及教学方法如何围绕学生展开，这种决定更具教师专业性，更具有挑战性。

4. 问题解决式

这种形式或者在正式的备课会议中，或者在非正规场合的教师讨论中，对于学科知识理解中的疑难、分歧，意想不到的课堂情境与过去的认知发生偏离或者出现难以解决的学生问题的时候，教师商讨并共同设计解决方案。

5. 课程开发式

新课程后，很多学校自行开发具有学校特色与优势的校本课程，这样一来，学校课程体系需要重新构建，一些校本课程甚至要做学校自编的教材。一些教师参与其中，尽管这种形式并非所有教师都尝试参与，但可以肯定在这种形式的课程决定中，教师对课程的理解深度增加了，教师决定的"空间"增加后，他们考虑的问题也更深入，需要从培养目的、本门课程的功能、知识体系、学生兴趣以及学校资源、教师特点等多角度重新认识课程，重新思考自己的角色。

6. 反馈调整式

反馈调整式是一种在非正式场合中的教师自发形成的集体课程决定方

式。在课例研究、问题解决等形式的教师决定中，常常会有很多问题难以达成共识，最后教师只是拟定一个尝试性的决定，或者几位教师按照各自不同的方案进行课堂实践，对于前次决定中的悬案，在经历了尝试后，教师及时沟通情况，斟酌利弊，作适当调整。

(二) 教师集体课程决定的特征

1. 教师合作的质量影响教师集体课程决定的效果

教师集体课程决定是以教师合作为前提的，事实上，近些年人们对集体备课制度的批判很多是因为自己体验的集体情境中缺乏真诚、高质量的合作引发的，集体课程决定不仅是技术问题，也是文化问题、人际关系问题和心理问题。首先，学校的文化氛围影响教师课程决定。如果学校教师之间的人际关系竞争多于合作，教师更关注的则是职业生活中的升学率评比、末位淘汰，自然很难在合作中贡献智慧，要想让教师关注自己的专业问题，需要一个相对稳定的发展空间；其次，领导风格也是重要的影响因素，教师共同作课程决定是课程审议的过程，是个人智慧激发的过程，是表现每个人的主体性同时又是权威的过程，很多教师抱怨集体备课中的"一言堂"，"组长或者权威发言，别人只能附和"等情况的出现，最主要的决定因素就在于组长或者"权威"怎样定位自己的角色，怎样组织、激发、尊重每个成员的思想，甚至取决于每位教师对其人格的信赖；另外，课程决定还与每个成员教师的成就动机与工作能力有关，如果教师本身不关心怎样改善课程，自然也就"直接使用别人的劳动成果"，当然对于这种教师之间的抱怨，我们也要加以区分，就是"偷懒"和"借鉴"之间的区别，我们应该允许甚至赞同教师之间模仿好的经验、做法，教师集体课程决定的目的就是智慧共享，毕竟教师的工作性质首先是服务，为所有学生服务。当然，经常"借鉴"别人课程设计的教师主要有两方面的原因，一是偷懒，个人责任心不强；再就是自身的教育理论、实践能力不足，缺乏交流的能力。在没有任何激励措施的情况下，会让总是"贡献"的教师心里不舒服。

2. 教师集体课程决定具有对象上的层次性

教师课程决定的对象自然是课程问题，前面提到的克莱因把课程决定中的问题分成九个方面，就是一种横向的归类与排列。一般来讲，我国教师课程决定关注的主要包括教材层面、学科知识层面、学科教学法层面、课程开发层面。教材层面的课程决定主要围绕教材内容的理解与进度的规定，假定教材内容为必然的、必要的教学内容，并对这些内容作更具体的释义甚至难度、进度规定,这种工作被我国学者称为"教学任务的分配"①,是一种事务的决定,而非专业决定;学科知识层面的决定中,教师研讨的问题从学科课程追溯到学科知识本身,希望通过对学科问题的追问探讨,形成对课程、教材更深刻的理解与把握;学科教学法层面的课程决定被认为是最有效的,是教师集体课程决定这一形式存在最合理的原因。教师的课堂教学需要学科教学法知识,对于学科教学法知识,舒尔曼(Shulman,1999)有一个被普遍认同的定义,它是指教师知道如何有效地组织内容知识,再辅以例子和图解加以说明,其中还涉及选材、表达重点及选取适当的教学模式。② 学科教学法知识不是单纯的、固定的知识体系,而是教师的实践知识,是教师有别于其他专业知识的核心。学科教学法层面的课程决定中需要教师把学科知识、教材内容与学生特性联系起来,把课程资源与自己的教学风格结合起来,并选择最佳的呈现、操作方式。课程开发层面的课程决定中,教师可以在学术层次上决定校本课程的理念,可以在形式的层面上设计教材,可以在机构的层面上规划课程结构和方案,是多层面、多方位的参与,但是目前在我国这种形式的教师集体课程决定并不普遍。

3. 教师集体课程决定具有个体需求上的差异性

不同层次教师课程决定的"赋权"对教师专业发展"增能"的意义是不同的。同时,不同类型教师对教师集体课程决定的依赖与需求也是不同的,可以把教师按照职业生涯发展阶段划分为初任教师、经验教师、能手教师。初任教师欢迎各种形式的集体课程决定,从中他们会有收获。其中的原因在于初任教师的课程实践知识(包括学科教学法)严重欠缺,自己对学科知识体系尽管掌握的丰富,但是不知道怎样转化成课程的操作体系,学科教学法的讨论对他们具有辅导的意义,即便是重点内容的规定也是一种教学设计提示;而对于经验教师来讲,他们已经懂得了教学的一般程序,更希望在学科教学方面作更深入的探讨,他们很欢迎课例研究,也希望在讨论、处理疑难问题的时候获得提高。对于能手教师来讲,他们更希望在集体课程决定中发挥决策的作用,以培训、指导青年教师,他们希望自己的课堂能有更多的创造性,因此很关注为自己的尝试找到依据,他们很希望在学校或者更高层面的课程解读能有实效,他们很欢迎在理念层面讨论课程,这是初任教师、经验教师无暇关注的。

---

① 陈桂生. "集体备课"辨析. 中国教育学刊,2006 (9).
② [美]李S. 舒尔曼. 理论、实践与教育的专业化. 王幼真,等编译. 比较教育研究,1999 (3).

4. 教师集体课程决定与个体课程决定相互延伸

教师工作的特点决定了集体的课程决定不能延伸到教师课堂操作层面上，真正的课程实施还是教师个体执行的。因此，教师集体课程决定的结果来自于参与教师个体对课程的理解，集体决定对教师起到的作用是规定、引导、支持，之后，教师将集体决定内化为教师自己的行动。过于详细、绝对的集体课程决定对教师教学风格的发挥是一种限制，而过于粗略的集体决定对教师而言只是领来了一些教学任务，没有获得任何思考、引导与提高。对教学流程建议性的决定，对关键问题深入的剖析是教师集体课程决定应该把握的度。

三、意义与局限

教师集体课程决定是教师在课程领域中的合作，其意义在于提高了教师对课程的认知水平，避免了教师孤立的工作习惯，提高了教育、教学能力，但是集体课程决定也有其属性上的局限，需要人们有意识地在行为上加以克服。

1. 课程约定中对个性发挥的局限

在理想的文化没有建立之前，制度的意义在于导引。教师集体课程决定中重点、难点的约定本身没有错，知识本身无所谓重点、难点，关键是相对学生而言是重点、难点，这应该是教师课程决定合理的起点。所谓难点是站在学生知识结构、认知特征的角度判定是教学难点，重点是那些对学生未来学习、生活有重要价值的知识、技能与方法，需要教师有对知识来龙去脉的审视，一个居高临下的视角。但如果所有成员教师都局限于这些重点、难点、一般程序的设计，所有的课堂千人一面，没有差别，那么约定就变成了束缚与制约。教师集体课程决定确定的是有关课程的一般问题，在集体决定之上的教师个性化的课程决定也是教师专业发展能力的关键步骤。因此，约定的方式也需要被约定，如有的学校需要教师准备两个教案，第一个教案是集体备课的教案，第二个教案是在第一个教案的留白处添加、更换自己的特色内容，鼓励教师在达到一般课程实施水平的基础上尝试、创新。

2. 集体课程决定方式功能的局限

流程约定式的课程决定方式会给教师有关课程的整体印象，但是由于讨论的问题是基于过去的经验，并对课堂进行预设，并非基于真实发生的课堂，刻板的流程容易磨蚀教师的探讨热情，尤其对已经掌握教学一般过程的经验教师来讲会觉得枯燥、程式化。相对而言，课例研究式的决定方式针对真实的课堂，但周期长，不能覆盖所有课程内容。课程开发式的课程决定是最有利于教师超越习惯的思维局限，扩展视野，转换角色，但目前，不是所有的教师都有机会参与体验。任何制度都很难满足所有人的需要，或者说不可能所有人在所有形式的课程决定中都有收获，何况即便是课例研究式、课程开发式的决定中，也会因为参与人员的懈怠、消极而流于形式化。问题的关键是我们怎样为这些集体决定的形式创造积极的文化背景，这其中学校的领导者的过程参与结果检验是至关重要的，领导者或者专业骨干参与研讨过程，监督之外，更重要的是提出超越性、反思性的问题，引领话题的质量。提高课程理解的质量。再有，课程决定的质量要在课程实施中体现出来，经常性、常规性的听课本身就是对课程决定质量的检验。

3. 沟通中信息流动均衡性的局限

教师是在对话中成长的，与文本对话，与学生对话，与同伴对话，与自己过去的经验对话，课程决定也是对话的过程。但交流中主流话语的出现也是必然的，任何人群中的审议、讨论都会出现，信息流动不可能绝对对等，必然因为见识、认识水平、性格甚至地位产生影响，因为这些讨论是为了求解，而不是畅想。但问题是对于经验教师甚至能手教师而言，集体的课程研讨也是必需的，熟悉的未必真正知道，很多在经验中重复多次的观念、行为有可能是集体无意识的错觉，而青年教师没有固定模式，接受新观念比较快，需要在研讨中建立特别的机制让他们表达。

课程发展能力：初任教师与经验教师的实践知识对比[①]

一、相关理论梳理

教师专业发展阶段理论对于了解初任教师与经验教师的专业发展特点，促进教师专业成长是有重要意义的。在教师专业发展过程中，初任教师是非常关键的一个阶段，然而，他们却面临许多困扰，对这些困扰的研究我们发现，初任教师迫切需要一种知识来解决实际教学工作中出现的问题，即教师实践性知识。实践性知识的研究对于提高教师专业水平是有一定意义的，也为初任教师与经验教师实践性知识的比较提供了一定的理论依据。

（一）教师专业发展阶段理论

1969年，美国得克萨斯大学学者弗兰西斯·富勒（Frances Fuller）为得克萨斯大学教育专业的学生规划职前培养方案设计了一份"教师关注问卷"，这份问卷为目前可见的许多关于教师专业发展阶段的理论奠定了基础，这些学者们从不同的研究视角出发，形成了各式各样的教师发展阶段理论。以下是几种具有代表性的教师专业发展阶段理论：[②][③][④][⑤][⑥][⑦][⑧][⑨]

[①] 这项研究完成于2008年4月，得到了长春市南京小学的大力支持，执笔人是硕士研究生李佳琳。
[②] 常雅珍. 走出自己的路：一位在职进修之资深国小老师的生涯发展历程. 台东师院学报，1992（14）：295—326.
[③] 任学印. 教师入职教育理论与实践比较研究. 长春：东北师范大学出版社，2005：12—26.
[④] 林碧珍. 在职教师数学教学专业发展方案的协同行动研究. 新竹师范学院学报，2000（13）：115—148.
[⑤] [美]费斯勒（Fessler R），克里斯坦森（Christensen J C）. 教师职业生涯周期：教师专业发展指导. 董丽敏，高耀明译. 北京：中国轻工业出版社，2005：1，21—31，40—42.
[⑥] 张学民，申继亮. 国外教师教学专长及发展理论述评. 比较教育研究，2001（3）：3—4.
[⑦] 饶见维. 教师专业发展：理论与实务. 台北：五南图书出版公司，1996.
[⑧] 教育部师范教育司. 教师专业化的理论与实践. 北京：人民教育出版社，2003：69.
[⑨] 叶澜，等. 教师角色与教师发展新探. 北京：教育科学出版社，2001：242—250.

1. 安如（Unruh）和特纳（Turner）教师发展阶段理论

安如和特纳（1970）是第一批提出职业生涯阶段想法的人之中的两位，他们提出教师发展的三阶段理论：

（1）初始教学期（the initial teaching period）：这个阶段在从教的第一至五（六）年，此时的教师关注的是学生纪律、课堂管理、组织、新课程开发以及争取其他同事和教学管理人员的接纳等方面的问题。

（2）建构安全期（the period of building security）：这个阶段是指大致在从教后的6—15年，这一时期教师在职业中找到了满足，并"知道了自己在干什么"。他们寻求教学上的卓越，并设法寻找改进自己教学及增进自己知识的方式。

（3）成熟期（the maturing period）：在这个阶段教师有一种安全感，此时的他们视变化为一个过程而不是一种威胁，他们在教学专业工作的各个方面都具有相当高的能力。

2. 富勒的教师专业发展理论

富勒（Frances Fuller，1975）运用教师关注问卷对教师在不同阶段的个人关注进行了区分，划分为以下四个阶段：

（1）教学前关注（preteaching concerns）：这个阶段是指还沉浸在学生角色中的教育学专业的学生，他们对教师的角色还只是自己的一些想象，是以一名学生的角度来看待他们观察到的班级教师。

（2）早期的生存关注（early concerns about survival）：这是教师第一次正式走上教学岗位时期，是从事教学工作1—2年的教师。这时他们关注的是自己的教学与控制，对教学内容的掌握和如何通过教学管理人员及同事的评价，他们关注的是自己的生存问题，在这个阶段他们承受的压力很大。

（3）关注教学情景（teaching situations concerns）：这是从事教学工作3—4年的教师，这个阶段的教师比较重视自己的教学表现，即在特定的教学情境下如何完成教学任务，比较关注外部因素对教学的影响。

（4）关注学生（concerns about pupils）：在这个阶段里的教师表现出对学生的关注，如学生的学习、学生的需求、学生的心理特征以及与学生的交往等。

3. 伯顿的教师发展阶段理论

伯顿（Burden，1979）根据对小学教师访谈的记录数据与资料的整理分析，将教师职业生涯划分为三个阶段论：

（1）求生存（survival stage）阶段：指从事教学的第一年。这个阶段的教师，本身没有多少实际教学经验，对教学活动的了解非常有限，因为刚接触一个新的环境，他们缺乏信心、没有安全感，他们只关心班级的管理及所教学科的内容知识，以学科为中心展开教学，教学工作按部就班，不愿意尝试新的方法。

（2）调整（adjustment stage）阶段：指从事教学工作 2—4 年的教师。这些教师的教学经验比以前要丰富得多，他们开始主动学习关于学生、课程、组织、教学方法等方面的知识，在工作中能够保持心情愉快。这时的教师变得开放、真实，已经开始关注学生的心理及行为特征，并能主动采用新的技巧与方法来满足学生的不同需求。

（3）成熟（maturity stage）阶段：指从事教学工作 5 年或以上的教师。这个阶段的教师教学经验丰富，对教学环境已有充分了解，有很强的课堂控制能力，能很从容地处理教学过程中发生的事情，并能不断地追求并尝试新的方法，这时的教师是以学生为中心展开教学的。

4. 费斯勒的教师发展阶段理论

美国学者费斯勒（Fessler，1985）通过对 160 位教师的访谈，依据对成人发展与人类生命发展阶段等相关理论，并借鉴该领域先前的研究成果，提出了一套动态的、非直线式的、螺旋上升的教师专业发展理论，将教师的职业生涯分为八个阶段：

（1）职前期（pre-service）：教师专业角色的准备阶段。

（2）职初期（induction）：指教师任职的前几年，是教师在学校系统中的社会化时期。这时，新教师努力争取学生、同事和教学管理人员的认可，并且试图在处理日常教学问题和事务上达到舒适和安全的水平。

（3）能力建构期（competency building）：这个阶段的教师努力提高自己的教学技能，寻找新的教学材料、方法和策略，扩充自己教育领域的相关知识，容易接受新观念，主动参与各种学术研讨会，积极争取在职进修的机会，他们专心致力于自己的工作。

（4）热情与成长期（enthusiastic）：在这个阶段，教师对工作充满热情，教师的工作能力已经达到了较高水平，仍不断寻求新的方法和技能来丰富自己的教学活动，他们的专业能力在继续进步，此时的他们有高度的工作满足感。

（5）职业挫折期（career frustration）：在这个阶段，教师的工作满足感变弱，对自己的教学生涯产生怀疑，容易产生教学上的挫折感或倦怠感。

（6）职业稳定期（stable and stagnant）：这是教师专业发展的高原期。

他们只求无过,不求有功,只做自己分内的那部分工作,缺乏进取心,得过且过是这一时期教师的心态。

(7) 职业消退期 (career wind down):这个阶段的教师正准备离开教学岗位。对一些教师来说,这可能是一个愉快的回忆,他们可以欣然地离开工作岗位。对另一些教师来说,回忆可能是一件痛苦的事情,他们或者是被迫终止工作,或是迫不及待地要离开这份不值得的工作。

(8) 职业离岗期 (career exit):这一时期的教师离开教学岗位。

5. 伯林纳的教师发展阶段理论

伯林纳 (Berliner, 1988) 依据特瑞斯 (Dreytus) 技术发展模型的五阶段论,以教学方法为主线对教师的能力特征进行了较深入的描述。

(1) 初任教师 (novice) 阶段:是指从事教学工作第一年的教师,是他们获取教学所需知识、技能和经验的阶段。此时教师的教学行为比较刻板,没有弹性,在教学工作中往往机械地遵从从课本上学习的教育理论,缺少教学实际经验,对于这一阶段的教师而言,真实的体验比获得口头信息重要得多。

(2) 进步的初任教师 (advanced beginner) 阶段:指教师从事教学工作的第2—3年,这个阶段的教师教学经验不断丰富,并且能够将自己的经验与所学的知识逐步联系起来,能够适时地运用所学知识,但仍不清楚教学中哪些事情是重要的。

(3) 胜任 (competent) 阶段:这个阶段是指从事教学工作3—4年的教师,他们有合理的教学目标,能够依据教学计划有意识地选择他们要做的事情,能控制课堂纪律,处理教学过程中出现的问题比较轻松,但教学行为还不能达到迅速、流畅和灵活。

(4) 能手 (proficient) 阶段:指从事教学工作的第5年,教师已经达到熟练的阶段,对教学环境有了充分的了解,他们积累了丰富的教学经验,能够较正确地预知教学中出现的问题,有能力处理在教学过程中的突发事件,但他们在作决定时仍需要分析和思考。

(5) 专家 (expert) 阶段:这个阶段是能手教师达到最高境界。专家教师的教学行为已经非常迅速、流畅和灵活,达到了一种自动化的水平,对于一般教学问题,他们不需要经过分析和深入思考就可以作出决定,只有一些特殊的事情发生时,他们才会仔细分析加以判断,选择处理问题的方式和方法。

6. 休伯曼的教师发展阶段理论

休伯曼（Huberman，1989）的理论与其他学者线性的、一维的教师发展理论有所不同，他依据人生阶段研究理论，运用心理学和社会心理学的方法对瑞士教师进行调查研究，并提出教师职业周期阶段论，他的理论表明教师职业生涯周期是复杂多变的。

（1）入职期（career entry）：这一时期是指从事教学工作1—3年的教师。在这一时期，课堂环境的复杂性和不确定性使得这些新任职的教师不知所措，会产生一种很强的理想与现实的落差感，急切希望获得实用的教学技能，以便能更好地生存下去。当然，也有一部分教师是对教学充满热情的，并能很好地适应教学工作。

（2）稳定期（stabilization）：这一阶段是指从事教学工作4—6年的教师，他们慢慢地适应了教学工作及学校的环境，他们开始能够根据特定的教育环境及自己的性格特征，不断改进自己的教学技能，寻求一种新的教学方式以适合自己，他们自信、幽默，对教学工作非常投入。

（3）实验型和歧变期（experimentation and diversification）或者重新估价期（reassessment）：这个阶段是指从事教学工作7—25年的教师，这个时期的教师出现了不同的发展方向，其中一些教师进入了实验型和歧变期（experimentation and diversification），还有的教师进入到了重新估价期（reassessment）。实验和歧变期的教师不满足于现状，他们不断地寻求新的挑战，并试图改善课堂环境，形成自己独特的教学风格。而重新估价期的教师在经历了日复一日单调的课堂教学生活以及对不断的教学改革结果的失望后，他们开始渐渐地怀疑自己的教学能力，不得不对自己进行重新估价。

（4）平静和关系疏远期（serenity an relational distance）：指从事教学工作的第26—33年的这段时间，经过实验和歧变期以及重新估价期的教师渐渐地开始平静下来，他们能够比较轻松地完成课堂教学任务，但随着预期目标的逐渐实现，他们失去了原有的发展热情，对专业投入开始减少，与学生关系渐渐疏远，对学生的要求也更严格。

（5）保守和抱怨期（conservatism and complaints）：从教学时间上来看，这是指从事教学工作的第26—33年的教师，但具体是指经过重新估价期后的教师，这些教师平静下来之后会变得较为保守，他们抱怨更多的是学生的课堂纪律差、学习动机的缺乏以及社会对教育的消极态度等，这主要是因为这些教师本身对待教学工作就持有一种非常消极的态度。

（6）退休期（disengagement）：从事教学工作的第34—40年左右，在这段时间,教师的工作没有过多的变化,只是做一些自己感兴趣的事情,为自己退休作准备。

综合以上学者的研究可以发现,虽然学者们的教师专业发展阶段理论的侧重点各不相同,但有一点是明确的,就是在教师专业发展过程中,不同阶段的教师,他们的专业发展特点是不同的。我们也了解到,教师随着从教年限的增加,他们的教学经验越来越丰富,对教学活动也越来越了解,从最初的对班级管理、学科教学以及获得教学管理人员与同事的认可等自身生存的关注转变到对学生的关心,包括如何满足学生的需求以及如何建立师生之间的交流等。从最初的没有弹性、比较刻板的教学方式,到能够依据教学计划有意识地选择教学方法,这是一个相当漫长而又非常复杂的过程。可以说,从初任教师到经验教师乃至成长为专家型教师不是一蹴而就的,也不是随着时间的增长自然而然就能转变成功的,这个发展过程会受到许多复杂的、多变的因素的影响。经验教师虽然不是专家型教师,却是成为专家型教师的一个必要条件,它是教师发展过程的中间环节,也是成为一名专家型教师的重要的转换阶段。而作为教师队伍的中坚力量,初任教师是教师专业发展过程的关键阶段,他们在实际工作中会遇到许多在职前培养时期想象不到的问题,一旦这些问题令他们产生危机感,从而对教学丧失了自信心,就会阻碍他们的专业成长,并影响他们向经验教师的转变。而教师专业发展阶段理论在初任教师的困扰方面的描述还不够详细,所以,研究初任教师的困扰,对于帮助他们尽早渡过危机期,顺利成长为经验教师是有重要作用的。

(二) 初任教师的困扰

初任教师是教师队伍的重要组成部分,他们的专业发展受到许多学者的关注。维恩曼(Veenman,1984)曾就有关初任教师的研究进行了综合性分析,他的分析报告被认为最能提供人们对初任教师的问题现象及需求有完整的认识。维恩曼统计这些研究所发现的初任教师最常提及的困难有:课堂管理,激发学生学习动机,处理个别差异,评价学生作业,与家长的关系,有条理的教师工作,教学材料的缺乏,处理个别学生问题,教学负担太重,与同事之间的关系,制定授课和教学工作计划,有效运用各种教学方法,对学校政策和规则的意识,确定学生的学习水平,学科知识,行政工作负担,与校长及行政人员的关系,学校设备不足,处理学习困难的学生,处理不同文化和贫苦背景的学生,有效利用教科书和课程指南,缺少闲暇时间,缺少指导和支持,班级规模大,等等。

我国学者赵昌木曾对 196 名初任教师进行调查研究,发现在他们最初教学的几年里，经常遇到的问题和困难主要是：教材不熟，重点、难点把握不准；教法不灵活，难以调动学生的学习兴趣和积极性；教学管理能力差，难以维持课堂纪律；不能与学生进行有效的交流、沟通；不了解学生的学习状况和学习需求；对学生提出的疑难问题难以解答；不能妥善处理课堂偶发事件；教学材料匮乏；难以处理与同事的关系；设施简陋；等等。

从维恩曼与赵昌木的研究中可以发现，虽然初任教师在职前培养阶段掌握了大量关于教育教学的知识，也经过了短期的教育实习，但往往教师职前阶段的课程设置偏重于理论知识的学习，导致他们掌握的理论知识与实践脱节；而初任教师在短期的教育实习中学到的实践技能是远远不能满足教师日常工作需要的。所以，在现实的教育环境中，他们会遇到许多问题。换句话说，初任教师的困扰都是在实际教学工作中产生的，他们迫切需要一种在实际教学中运用的知识，这种知识能够帮助他们处理日常教学工作中出现的各种问题，这就是实践性知识。因此，对教师在实际教学中运用的实践性知识进行研究是十分必要的。

（三）教师实践性知识

在教师专业发展过程中，实践性知识是促进教师专业成长必不可少的因素，因此，许多学者对教师实践性知识的研究产生了浓厚的兴趣。

1. 教师实践性知识研究的兴起

教师实践性知识研究的兴起，我们要归功于芝加哥大学科学教育研究者施瓦布（Schwab），他在《实践：课程的语言》中曾经写道：课程领域岌岌可危，运用目前的方法和原理它不能继续工作，也不能对教育的进展作出重要贡献。它需要新的原理，这些原理将会产生新的课程观并产生新的问题。它需要新的方法以适应这些新问题……课程领域决不会复兴，也决不会对提高美国教育质量作出新的贡献，除非课程将其力量从主要对理论的追求（像追求普遍原理和综合模式，寻求固定的因果关系和不变因子，建立假定是固定的类型或变化的类型）转向另外三种运作方式……实践的方式、准实践的方式和折中的方式。[①] 这三种方式就是施瓦布提出的三种课程审议的艺术，即"实践的艺术"（arts of the practical）、"准实践的艺术"（arts of the quasi-practical）和"折中的艺术"（arts of electic）。从上面这段话中可以看出，施瓦布对当时在课程领域中普遍盛行理论化倾向的研究是不认可的，他指出课程探究不是虚构的、抽象的理论表述，课程的产生是基于真实的教学行为、

---

① 张华，石卫平，马庆发. 课程流派研究. 济南：山东教育出版社，2000：242.

真实的教师和学生的,理论研究是不利于处理真实情境的,要想让理论更好地为实践服务,就需要一种补充物,即"实践的艺术",这种艺术能识别理论表述与真实情境的不同,并鉴于这种差异,在实际应用中对理论进行修饰,这是理论不能做到的。然而,将理论简单地应用于实践也是危险的,施瓦布认为我们还需要一种能够将理论的或学科的知识和观点运用到具体的实践中去的"折中的艺术",在之后的《实践:折中的艺术》中,施瓦布对"折中的艺术"作了进一步描述,其中一个方面是相对于教师而言的,教师要对现有的教育、教学、课程理论进行修改、折中和结合,以适应特殊情境中的学生、教材和环境的特点和需要。同时,教师还要善于把自己的经验与现在的理论观点相结合,创造一种新的班级生活的实践理论。教师是否拥有这种实践理论的知识,这给教师教育研究者们提供了一个新的研究领域。

20世纪70年代,麻省理工学院的哲学家舍恩的"反思性实践者"的研究也对教师实践性知识的研究产生了深远影响。1983年,舍恩在《反思性实践者》(*The Reflective Practitioer*)中指出,人们用"技术熟练者"(technical expert)代表专业人士是一种误区,并提出"反思性实践家"(reflective practitioner)这种新型的专家形象。这种"反思性实践家"是以"行为过程的反思"为基础的,通过"同情境的对话"(conversation with situation),运用经验中培育的"默会知识"展开问题的反复"建构与再建构"(framing and reframing),构筑同顾客的对等关系,求得问题的解决。[①]也就是说,反思性实践家拥有一种专业知识,这种知识是实践者在实际的情境中,在反思的过程中产生的,是"行动中的知识",是默会的知识。虽然,舍恩的"反思性实践家"并不是以教师作为研究对象提出的,却为教师专业化的确立提供了有力的理论基础。尤其舍恩提出的"专业知识"的概念为教师教育研究者展开实践性知识的研究提供了依据。

2. 教师实践性知识的研究

20世纪80年代以来,教师实践性知识的研究受到了世界各国教师教育研究者们的广泛关注。这些研究都取得了相应的成果。通过对这些研究成果进行整理分析,笔者发现学者们分别从不同的角度入手,提出并展开了教师实践性知识的研究。有的学者采用不同的研究方法对教师实践性知识进行研究,有的学者是从教师的知识结构角度出发研究教师实践性知识,还有的学者提出了与实践性知识相似的概念,这些研究不仅为教师专业发展开拓了新

---

① 佐藤学. 课程与教师. 钟启泉译. 北京:教育科学出版社,2003:300.

的领域，也为本研究提供了非常有价值的理论依据。

（1）研究方法：个案研究、实地考察记录、课堂观察。

最早对教师实践性知识进行研究的学者是艾尔贝兹（Elbaz，1981，1983）。艾尔贝兹采用个案研究的方法，她的研究对象是一个有着丰富教学经验的中学英语教师莎拉（Sarah），这项研究有一个基本的假设，即教师拥有并使用一种实践性知识。艾尔贝兹的研究主要集中于莎拉的日常教学行为、教学内容、教学方法、学生和学校环境等方面的基本状况，并试图通过与莎拉的"回顾式访谈"探究莎拉在工作中是如何作出选择以及最终形成自己的决策的。研究结果表明，教师的确是以一种独特的方式拥有一种特别的知识，艾尔贝兹把这种知识称为"实践性知识"，并将教师知识理解为教师对该情境反应的一个函数。

关于教师实践性知识的研究具有代表性的学者还有加拿大的康纳利与柯兰迪宁（1996，2004）两人。康纳利与柯兰迪宁运用实地考察记录的方法收集资料，并对这些资料进行分析，合作近20年，一直致力于教师的个人实践知识的研究。康纳利与柯兰迪宁的研究集中在课堂教学中的教师身上，并且相信只要我们处于教育情境中，个人实践性知识就体现在我们每个人的身上，也就是说，教师是拥有个人实践性知识的。康纳利与柯兰迪宁认为这种知识并不是人们头脑中那种客观的概念化的知识，也不是在书本中能够找到的知识，它不仅存在于人们的过去经验之中，也存在于当前的大脑和身体之中，还存在于未来的计划行动之中，它是我们认识生活中的教育情境的一种道德的、情感的和审美的途径。个人实践知识是一种重构过去的特殊方式，也是一种处理当前情境中的突发事件的为了未来的意向。也可以说，一个人在情境中的反应，是衡量他的个人实践性知识最重要的标准。①

日本学者佐腾学（2003）根据施瓦布等人关于教师知识的种种研究，经过数年的调查及案例分析，通过课堂观察发现，在教师的专业发展过程中确实存在着"实践性学识"与"实践性思考方式"。教师拥有"实践性学识"，这种"实践性学识"即"实践性知识"是与"理论知识"相对的，并具有如下几方面特征：第一，同个别的具体经验结合的案例知识。第二，整合了多种立场与解释的"熟思性知识"。第三，同不确定性主流的情境相对峙的"情境性知识"。第四，无意识地运用默会知识的"潜在知识"。第五，以每

---

① [加]康纳利，柯兰迪宁. 教师成为课程研究者：经验叙事. 刘良华，等译. 杭州：浙江教育出版社，2004：27.

位教师的个人体验为基础的"个人知识"。[①]

(2) 教师的知识结构：实践性知识。

最早将实践性知识归入教师知识的分类中的学者是考尔德黑德（Calerhead J.），他将教师的知识分为六大类：

①学科知识（subject knowledge）；

②技巧性知识（craft knowledge）；

③理论性的知识（theoretical knowledge）；

④隐喻和意象（metaphors and images）；

⑤个人实践知识（personal practical knowledge）；

⑥个案知识（case knowledge）。

我国学者陈向明（2003）也在教师知识分类中提出了实践性知识的概念，陈向明教授将教师的知识概括为两大类：一类是理论性知识，这种知识可以通过阅读和听讲座获得，包括学科内容、学科教学法、课程、教育学、心理学和一般文化等原理类知识。另一类是实践性知识，包括教师在教育教学实践中实际使用和（或）表现出来的知识（显性的和隐性的），这类知识包括行业知识、情境知识、案例知识、策略适度、学习者的知识、自我的知识、隐喻和映像、教师对理论性知识的理解、解释和运用原则等。理论性知识通常停留在教师的头脑里和口头上，是教师根据某些外在标准认为"应该如此的理论"，是外显的，可以为教师和专业理论工作者共享。实践性知识是教师内心真正信奉的，在日常工作中"实际使用的理论"，支配着教师的思想和行为，体现在教师的教育教学行动中，是内隐的，基于教师的个人经验和个性特征，是教师专业发展的主要知识基础，在教师的工作中发挥着不可替代的作用。

北京师范大学教授申继亮（1999，2006）从知识的功能性出发研究教师知识的构成，认为教师知识可以分为三类：本体性知识、条件性知识和实践性知识。教师的本体性知识是指教师具有的特定的学科知识，如语文知识、数学知识等，是人们普遍熟知的一种教师的知识。教师的条件性知识是指教师具有的教育学和心理学知识，即对具体的本体性知识作出教育学和心理学的解释，如何激发学生的学习动机，在课堂中如何组织、设计和实施测验等。教师的实践性知识是指教师在面临实现有目的的行为中具有的课堂情境知识以及与之相关的知识，或者更具体地说，这种知识是教师教学经验的积

---

① 佐藤学. 课程与教师. 钟启泉译. 北京：教育科学出版社，2003：302.

累。实践性知识受一个人经历的影响，这些经历包括个人的计划与目的及人生经验的累积效应。教师的实践性知识主要是指在教育教学实践活动中形成的具体的工作知识，这种知识不单单是从书本上或学习材料上间接获得，更主要的是教师在亲自参加教育、教学和管理实践过程中直接获得。

（3）相似概念：教师个人实践理论。

史蒂芬（Stephen M. Ritchie，1998）认为教师个人实践理论常常被忽视，而这种理论却是引导教师课堂行为，且经过多年教学实践积累而成的。史蒂芬以自己作为研究对象，对教师个人实践理论进行探讨，指出教师个人实践理论是教师专业知识的一部分，它从教师实践工作经验中获得，又体现在教师日常教学实践中，它比学科教学法知识要宽泛得多，且包括学科教学法知识。

关于教师个人实践理论的研究还有我国学者鞠玉翠（2003），她认为传统师范院校开设的教育理论知识教学和教育实习都忽略了一个至关重要的因素，即教师个人实践理论。在教育教学实践中，教师把各种知识、技能整合成自己身体的一部分，逐渐形成自己的个人实践理论，它是教师真正信奉的，并能够帮助随情境变化而灵活处理课堂中的突发事件的一种理论，具有个体性和实践性的特点。

综合以上学者们对教师实践性知识的研究，可以发现，尽管学者们研究的出发点不同，但对于教师实践性知识的理解还是有共同之处的：

① 教师拥有一种独特的知识，即实践性知识；
② 教师的实践性知识是教师专业知识的一部分，是与理论性知识相对的；
③ 教师的实践性知识是在教育教学实践中实际使用和表现出来的知识；
④ 教师的实践性知识从教师教育教学的实践工作经验中获得；
⑤ 教师的实践性知识基于教师的个人经验和个性特征；
⑥ 教师的实践性知识是教师对理论性知识的理解、综合和运用；
⑦ 教师的实践性知识是教师内心真正信奉的；
⑧ 教师的实践性知识是内隐的、默会的知识；
⑨ 教师的实践性知识以适应特殊情境中的学生、教材和环境的特点和需要。

正如施瓦布所说，教师只拥有一种理论性的知识是不够的，将理论知识简单地应用到实践中也是危险的，因为教学环境及课堂是复杂多变的，每一个教学情境都是特殊的，没有完全雷同的课堂，也没有一成不变的课堂，教师们如何以不变应万变，需要教师们拥有一种独特的知识，这种知识对于促进教师专业成长是十分重要的，它不是单纯的理论性知识的掌握，需要教师对这些理论知识进行综合分析，并融合教师的个人经验和个性特征，用以适应特殊情境中的学生、教材、环境的特点和需要，是教师在实际工作中逐渐积累而成的一种知识，是一种默会知识，这就是教师的实践性知识。

(四) 教师实践性知识内容

教师实践性知识是教师专业知识中最主要的部分，也是教师在教学实践中实际使用的知识，在教学工作中发挥着非常重要的作用。在教学实践中，经常会出现一些突发事件，使教师所处的课堂环境更加复杂，教师应该掌握哪些实践性知识才能灵活地驾驭课堂教学，顺利地完成教学任务是许多教师教育研究者关心的事情。

1. 教师知识内容的分类

对教师实践性知识内容进行分类是比较困难的，要探讨教师实践性知识具体包含哪些方面的内容，我们首先需要了解教师的知识分类系统。教师知识是教师从事教学工作的必备因素，也是教师专业成长的知识基础，对于教师知识内容的分类理论，舒尔曼（Shulman）关于教师知识的分类理论是有深远意义的，其他学者在舒尔曼的教师知识分类理论基础上，根据自己的研究又作了进一步的调整，得出了不同的研究结果，这些研究对于教师实践性知识内容的探究是至关重要的。

教师知识内容	研 究 者
学科内容知识 (subject matter knowledge)	舒尔曼（Shulman），伯利纳（Berliner D. C.），格罗斯曼（Grossman P. L.），博寇、帕特南（Borko H. & Putnam, R. T.），泰默（Tamir），考尔德黑德（Calerhead J.），雷诺兹（Reynolds），陈向明，申继亮，饶见维
学科教学法知识 (pedagogic content knowledge)	舒尔曼，伯利纳，博寇、帕特南，泰默，考尔德黑德，雷诺兹，陈向明，申继亮，饶见维
一般教学法知识 (general pedagogical knowledge)	舒尔曼，伯利纳，格罗斯曼，博寇、帕特南，泰默，考尔德黑德，雷诺兹，陈向明，申继亮，饶见维
课程知识 (curriculum knowledge)	舒尔曼，格罗斯曼，泰默，考尔德黑德，雷诺兹，陈向明，申继亮，饶见维

续 表

教师知识内容	研 究 者
教育情境知识 (knowledge of educational context)	舒尔曼，格罗斯曼，考尔德黑德，雷诺兹，陈向明，饶见维
学生及其特点的知识 (knowledge of learners and their characteristics)	舒尔曼，格罗斯曼，泰默，考尔德黑德，雷诺兹，陈向明，申继亮，饶见维
自我知识 (knowledge of self)	格罗斯曼，泰默，考尔德黑德，雷诺兹，陈向明，申继亮，饶见维

2. 教师实践性知识内容分类

教师实践性知识是教学实践中实际运用的知识，对教师来说，教学的实际环境是复杂的，真实的教学工作不是一成不变的，许多预料不到的事件层出不穷，这就要求教师拥有丰富的实践性知识，确保教学工作的顺利进行。教师实践性知识的内容如何划分，学者们提出了不同的观点。

（1）国外学者的研究

艾尔贝兹（Elbaz，1981）对教师知识的研究并没有将理论与实践孤立开来，她认为，教师知识的研究在认同理论重要性的同时也要深深扎根于实践，因此，艾尔贝兹将教师实践性知识作了如下概括：

① 学科内容知识（subject matter knowledge），以英语教学为例，包括英语学科内容知识、学习和研究技能、阅读和写作；

② 课程知识（knowledge of curriculum），包含学习课程的开发、开发过程和阶段（明确问题、确定学生需要、组织、开发课程内容、评价）、课程开发作为小组活动、阅读中心的课程开发等；

③ 教学知识（instructional knowledge），包括关于学习理论、学生、教学，如教学信念、教学组织、师生互动关系和评价；

④ 教师的自我知识（knowledge of self），即自我作为资源与自我作为个体的知识；

⑤ 环境的知识（knowledge of the milieu），包括课堂、教师与领导的关系、政治关系和社会环境的创造。

帕拉·格鲁曼·贝克（Paula R. Golombek，1998）通过课堂观察、访谈、刺激性回忆的方法研究在职 ESL 教师的个人实践性知识的内容，格鲁曼贝克（Golombek）认为教师的个人实践性知识包括四个方面的内容：

① 自我知识（knowledge of self），是指教师在教学中遇到与自己的经历相似的情境时显示出的一种个性特征；

② 学科内容知识（knowledge of subject matter），教师在课堂中运用的具体的学科知识，具体说是指教师从阅读材料、课堂、教师及其他的经历中获得的有关某一学科的知识，并运用已有的认知结构形成对某学科教学的独特的理解；

③ 教学法知识（knowledge of instruction），是指教师在教学中运用以及教师是如何理解他们的教学的教学法知识，一般来说是在具体的教学环境中、面对特定的学生运用的知识，它包括在教学过程中有关师生角色的知识、语言学习中教室及自然情境的作用的知识、课程计划的重要性、任务目标、学生评价、任务评估、师生互动等知识；

④ 背景知识（knowledge of context），除了时间、空间、人物的背景知识以外的有关教育环境及社会的政治环境方面的知识。

艾尼克·赞特（Anneke Zanting），尼克·沃鲁普（Nico Verloop），沃姆特（Jan D. Vermunt）（2003）运用访谈和"概念图式"的方式研究教师实践性知识，结果表明实践性知识是在教学实践工作中形成的，它包括五个方面的知识：

① 学科内容知识；

② 关于学生的知识；

③ 课程知识；

④ 特定的教学情境的知识；

⑤ 教学法知识。

康纳利与柯兰迪宁（Connelly & Clandinin）（1985，1989，2004）为了让我们更好地了解教师个人实践性知识，提出了一种实践语言，康纳利与柯兰迪宁用七种术语来表达这种实践语言：

① 比喻（image）指的是我们经验中的某些东西，它内在于我们自身，体现在我们的实践中，也表现在我们的行为中，作为我们过去的一部分，被我们当前的行为情境所唤醒，指导我们未来；

② 规则或准则（rule）是指在实践中经常遇到的特殊情境中做什么和如何做的简明的正式陈述；

③ 实践原则（practical principles），教师意图的清楚而明白的表达，比较内隐，包含于教师的思考和反思中；

④ 个人哲学（personal philosophy），教师在教学情境中思考自身的方式，包含着信念和价值观；

⑤ 隐喻（metaphor）源于我们个人的、历史的和文化的叙事的概念，影响着我们当前的行为方式并引导我们未来的实践，教师的行为和实践是他们教学和生活的隐喻的具体化的表现；

⑥ 叙事主题（narrative unities）是一个线索和主题，贯通经验的叙事并给我们提供方法用以理解当规则、原则、比喻和隐喻被我们所处的实践所唤醒时它是如何相互联系的，它产生于过去、现在和未来，它引起现在的某种实践，并指导我们走向未来的某种实践；

⑦ 节奏（rhythms）是理解我们实践语言的句法的另一种途径，每个人的节奏是我们教学中建立的，是独特的。

（2）国内学者的研究

陈向明（2003）认为教师的实践性知识包括：

① 教师的教育信念，具体表现为对如下问题的理解：教育的目的是什么？学生应该接受什么样的教育？什么是"好"的教育？"好"的教育应该如何实施和评价？如何看待教师职业？教师信念的形成通常受教师个人生活史（特别是学习经历、关键人物和时期）的影响；

② 教师的情境知识，主要透过教师的教学机智反映出来；

③ 教师的自我知识，包括自我概念、自我评估、自我教学效能感、对自我调节的认识等；

④ 教师的策略知识，主要指教师在教学活动中表现出来的对理论性知识的理解和把握，主要基于教师个人的经验和思考；

⑤ 教师的人际的知识，包括对学生的感知和了解（是否关注学生，受到学生召唤时恰当地作出回应，有效地与学生沟通），热情（是否愿意帮助学生），激情（是否有一种想要了解周围世界的渴求，一种想要找到答案并想向别人解释的欲望，能否用这种激情感染学生）；

⑥ 教师的批判反思知识，主要表现在教师日常"有心"的行动中。

教师的反思是一种实践取向的反思，表现为"对实践的反思，在实践中反思，为实践而反思"。

申继亮（1999，2006）将教师实践性知识按其活动开展的领域及其特点分为三大类：

① 教师的教育实践知识，这种知识是教师校内外教育经验的结晶，它包括德育、家庭教育指导、学生心理教育、就业升学指导、课外活动指导等多方面的经验；

② 教师的教学实践知识，包括教师在课程、教学设计、教学方法、教学过程、学法指导等诸方面的实践经验；

③ 教师的教科研实践知识，包括教师在教学研究和教育科研方面的实践经验。

综合以上国内外学者提出的教师知识及实践性知识内容的分类理论可以发现，虽然学者们的观点不同，但进一步分析可知，教师实践性知识主要具备以下几个方面的内容：

① 学科内容知识（subject matter knowledge）也叫学科知识，是指教师所教的某一具体学科的内容知识，如数学知识、语文知识、英语知识等。

② 学科教学法知识（pedagogic content knowledge）是指在具体的学科教学中，面对特定的教学环境、特定的学生，教师拥有的一种对所教学科的内容知识是如何组织和呈现以适应不同水平学生的知识。

③ 一般教学法知识（general pedagogical knowledge），超越具体学科之上，普遍适用于各个学科的一般教育学知识，它包括关于教与学的理念、教学方法和策略、教学评价、教学设计、教育心理、班级管理等方面的能达成有效教学的知识。

④ 课程知识（curriculum knowledge），是指关于各种课程的知识和关于某一级别某一主题的可用的教材的知识，它包括课程目标的确定、课程内容的选择和组织、课程实施、课程评价、课程资源的开发等，也包括教师对教材的处理。

⑤ 自我知识（knowledge of self），是指教师自我作为个体的知识，具体包括教师对其自我角色的认识、教师的人格特质、教师自我的价值观、教师对其权利义务的认识、教师的教育信念、人际交往、自我反思等。

⑥ 教学机智（the tact of teaching）体现在具体的教育情境中，是教师在具体的教育情境中处理偶发性事件的一种独特的知识。

二、研究方法及过程

（一）个案研究

1. 个案研究的选取

"个案"即某一现象的具体实例。① 研究者基于对某一现象的兴趣，为了更好地理解并进一步阐释这一现象，然后选择一个具体的实例进行细致的研究，这即是个案研究。对初任教师与经验教师的实践性知识加以比较是本研究关注的主题，由于每一所学校的教师所处的教学环境不同，每一年级、

---

① ［美］梅雷迪斯 D. 高尔，沃尔特 R. 博格，乔伊斯 P. 高尔. 教育研究方法导论（第 6 版）. 许庆豫，等译. 南京：江苏教育出版社，2002：447—448.

每一学科的教师也都有其独特的教学背景，要想对初任教师与经验教师的实践性知识进行全面的比较分析是非常困难的，这就决定了本研究要采取个案的研究方式。

2. 研究对象的选取

由于研究条件的客观因素以及个人能力的主观因素两方面的限制，在导师的帮助下，笔者与长春市某小学取得了联系，该小学是长春市教师专业发展型的学校，并且是一所区教科研的示范学校，因此，这所学校的领导及教师对本研究都非常欢迎。该小学的校长为笔者推荐了两位教师作为研究对象，她们都是二年级的语文教师，一位是教龄 10 年以上的，有着丰富教学经验的 Y 老师，另一位是教龄 5 年以内的初任教师 L 老师。鉴于个案研究的职业道德因素，笔者得到的研究数据都是两位教师自愿提供的，而且，两位教师在参与的过程中表现十分热情，并且能够主动、积极地配合笔者。但是，为了研究结果的真实可靠，在研究的具体问题（初任教师与经验教师实践性知识的比较研究）上，笔者对两位教师做了必要的隐瞒。

（二）资料收集

1. 文献分析

文献资料的来源有许多，为了获得本研究所需的必要的理论基础，笔者从两大部分入手进行文献的整理分析：一部分是初任教师与经验教师的研究，这部分文献的查阅工作主要集中在教师专业发展阶段理论与初任教师困扰研究两个方面，目的是为笔者选取研究对象，确定研究的具体方向提供依据。另一部分的文献整理工作是教师实践性知识的研究，目的是了解教师实践性知识研究目前已有的成果，为初任教师与经验教师实践性知识比较研究提供理论基础。

2. 课堂观察法

课堂观察是指研究者或观察者带着明确的目的，凭借自身感官（如眼、耳）及有关辅助工具（观察表、录音录像设备等），直接或间接（主要是直接）从课堂情境中收集资料，并依据资料作相应研究的一种教育科学研究方法。① 课堂是学校教育的基本单位，是学校教育真正发生的地方。教师每天都在课堂上进行教学活动，教师的一切行为在课堂里都被展现在观察者的眼前。课堂本身是一个特殊的场景，它具有易变性和不可逆性的特点，许多课堂事件发生的即时性及不可逆转性决定了研究者不可能在课堂以外发现问题，进行课堂观察就可以使研究者获取第一手的资料，这些资料真实、可

---

① 陈瑶. 课堂观察指导. 北京：教育科学出版社，2002：1—2.

靠。国外许多教师实践性知识的研究者都采取课堂观察的研究方法，本论文采取了定性课堂观察研究方法。为了能够记录到详细的资料，方便日后进行比较，在观察中笔者对课堂中发生的行为采用流水账的记录方式。

3. 访谈法

通过对课堂观察获得的资料进一步的分析整理，发现两位教师的实践性知识确实在某种程度上存在着差异，为了得到更真实的资料，也为了更深入地了解教师的想法及思考过程，在事后通过事先半结构式的访谈方法，笔者与两位教师分别进行了面对面的访谈。

三、初任教师与经验教师实践性知识比较分析

（一）学科内容知识

学科内容知识（subject matter knowledge）也叫学科知识，是指教师所教的某一具体学科的内容知识，如数学知识、语文知识、英语知识等。学科内容知识，从本质上讲，是指教师观念中知识的数量和结构。舒尔曼（1986）结合施瓦布提出的学科结构的概念，对学科内容知识界定为，它是指该学科的主要事实、概念以及它们之间的关系，也包括所指的该学科的实词结构和句法结构。学科的实词结构指的是解释性框架或用来引导该领域探究和数据理解的范式，而句法结构指的是学科群体成员为了引导该领域探究而使用的准则依据。[①] 笔者理解的学科内容知识是指教师运用已有的认知结构形成的对某一具体学科的独特的理解。以语文知识为例，语文知识是指应该纳入语文课程与教学的关于语言和言语、文章和文学的听、说、读、写的事实、概念、原理、技能、策略、态度等，它呈现出语感和语识两种状态。[②] 在本研究中，语文学科内容知识是指语文教师根据已有的认知结构对语文学科的理解，具体在小学语文教学中是对于听、说、读、写的事实、概念、原理、技能、策略、态度等的理解。

1. 小学语文学科的性质

舒尔曼认为，教师拥有的关于学科所使用的解释性或诠释性框架的知识和在该学科怎样进行探究的知识，严重影响了他们的课程决策以及如何向学生表达内容和描述该学科的本质。[③] 也就是说，教师掌握的学科内容知识在

---

① Shulman L. *Those who understand knowledge growth in teaching*. Educational Researcher, 1986, 15 (2)：4—14.
② 潘新和主编. 新课程语文教学论. 北京：人民教育出版社，2005：218—219.
③ 徐碧美. 追求卓越：教师专业发展案例研究. 陈静，李忠如译. 北京：人民教育出版社，2003：58.

学科教学中对教师的影响是巨大的。小学语文教师对小学语文学科的理解在教学中对教师选择教学内容、教学方法等方面都有很大的影响。小学语文学科的性质决定小学语文学科的教学，那么，Y老师和L老师是如何理解小学语文学科的性质的呢？

小学语文学科的性质	
L教师	Y教师
小学语文学科具有"工具性兼人文性"的特点，工具性就是因为它是学习其他知识的必要条件，人文性是它要注重学生思想感情的陶冶。另外，我个人认为语文学科是一个非常有趣味的学科，本身我对语文也特别感兴趣。歌德有句名言："哪里没有兴趣，哪里就没有记忆。"兴趣是最好的老师。所以，在小学语文教学过程中，诱发和培养学生的学习兴趣，对提高语文课堂教学质量具有重要意义。尤其是当我真正走进语文学科的时候，我觉得语文的确是非常有趣味的学科，在语文学科中孕育着很有趣的故事以及汉字的演变，尤其对汉字的演变，我觉得整个演变过程非常有意思，这些趣味性的内容容易激发学生的学习兴趣，孩子就会愿意学。	小学语文学科是一门实践性很强的学科，语文学科提供给其他学科必备的知识和技能，具有工具性的特点。还有语文学科的学习不仅能开阔学生的视野，还能给予学生基本的文化修养，培养学生美好的品德，又具有人文性的特点。我对这门学科的理解是：语文学科本身蕴含着丰富的情感，所以，语文学习对发展学生心灵，激发学生的思想情感具有重要意义。思想情感是学生学习的动力和基础，学生带着情感去学习新的事物，就会大大增加他们对新事物的记忆。而且，通过情感可以培养学生的素质，所以，语文学科对人的一生的成长，包括个人的素质、学识，影响都是非常大的。

全日制义务教育《语文课程标准》（实验稿）① 中明确提出语文学科的性质是："语文是最重要的交际工具，是人类文化的重要组成部分。工具性与人文性的统一，是语言课程的基本特点。"语文教育的基本特点"语文是实践性很强的课程，应着重培养学生的语文实践能力，而培养这种能力的主要途径也就是语文实践，不宜刻意追求语文知识的系统和完整。"所以强调语文课程的实践性，是因为学习语文能使人获得一种基本的实践能力，这种实践能力与人的生活是密不可分的，无论是简单的人际交往，还是升学就

---

① 中华人民共和国教育部制定. 全日制义务教育《语文课程标准》（实验稿）. 北京：北京师范大学出版社，2001.

业，都离不开语文，人们完全生活在语文活动之中。人际交往最基本的方式就是言语活动，而言语的表达能力及对言语的理解能力都要通过语文的学习来获得；另外，升学考试中语文学科是必考的三大主科之一，而就业就更离不开语文的学习了，无论从事任何工作都会考察一个人的语文能力，最明显的就是学生在应聘时的面试和笔试这两关，它们是对语文能力中写和说的能力的转换。所以，语文课程对于学生来讲，其重要性是不言而喻的，而学生在语文学习过程中，教师扮演了相当重要的角色，教师对语文学科的理解决定教师的教学方式，也影响着学生对语文的认识。

对小学语文学科性质的理解，Y老师与L教师并不完全相同。L老师认为小学语文学科富有趣味性，Y老师强调的是语文学习中学生情感的培养。兴趣是学生最好的老师，它是推动学生学习的一种内在动力。有了兴趣，学习就不再是负担，而是享受。语文教师应该通过激发学生对语文的学习兴趣来培养学生的语文能力。但是，忽略语文学科的情感因素，就会导致语文教学的枯燥无味，没有了情感，就没有素质可言。列宁说过：没有人的感情，就从来没有也不可能有人对于真理的追求。只有学生具有了情感素质，才能真正具有语文的素质，才能成为高素质人才。因此，作为一名语文教师，应该更注重语文学科的情感因素，构建情感教育，才能更好地培养学生的情感素质，提高学生的语文能力。

2. 识字教学与阅读教学、识字教学与写字教学之间的平衡

2001年7月，教育部颁布了18科课程标准的实验稿，标志着新课程在全国进入实验阶段。这次课程改革中语文学科最大的变化就是"识字与写字教学"。由"认写同步"拖长识字时间，变为"认写分开，多认少写，识字提速，降低难度"，识字量也由原来的1 180增加到1 800。这样，许多教师在识字教学与阅读教学、识字教学与写字教学之间难以取得平衡。识字数量的增加对教师完成教学任务有没有难度呢？教师如何理解识字教学与阅读教学在小学语文教学中的地位？教师如何看待小学语文教学中的识字教学与写字教学呢？这两个方面对于教师选择什么样的教学策略是至关重要的，也影响学生对语文学科的态度。

识字教学与阅读教学	
L老师	Y老师
这对教师完成教学任务的难度太大了，识字写字是小学一二年级的教学重点，而且又要求多认少写，这对语文教学来说是一种	有难度那是当然的，因为上课的时间毕竟是有限的，但是自己可以合理调整。因为小学低年级的教学是以识字教

续　表

L 老师	Y 老师
冲击，但是，阅读教学也同样重要，不能因为识字量加大就对课文的讲解置之不理，因为即使是小学低年级的课文，也有许多是相当数量成篇的。本来一篇很好的课文需要大量的时间来阅读理解，通过读来感受、感悟，孩子对课文理解得会更好，可是现在识字量这么大，时间紧，一堂课的时间是固定的，如果在课上专门讲生字，就没有时间去教阅读，而如果专注于课文讲解，讲生字的时间又不够，可完成不了就赶不上教学进度，那就只好占用其他自习时间，来完成教学任务。	学为主，阅读教学也是为识字服务的。我个人认为，像识字量比较大的课文，讲课的时候对教学内容的处理就要有选择性，只能是抓重点了。像课文的讲授，尤其是小学一二年级，主要让学生对课文主要内容有所理解，能正确、流利、有感情地朗读课文就行，当然还得以识字为主，课文是帮助学生对生字的理解及巩固生字。我的识字教学方法也是多种多样的，比如猜字谜，从汉字的演变过程等各种方式来识字，通过这些生动的识字方法，让孩子对识字教学产生兴趣。

识字与写字	
L 老师	Y 老师
会认、会写的生字都很重要，应该教会学生如何学习这些生字，以便扩大学生的生字量。课程改革对小学语文教学提出了新的标准，就是识字的数量与过去相比增加许多，因为识字量大，而且一类字、二类字都要求会认，其中的一类字，在教材中被放在田字格里，这样的生字不仅要求会认，还要求学生会写，会写的字、重点字就得进行字的书写指导。而二类字是要求会认的生字，当然也要学生学会怎么记住它，教师就是要教学生识字的方法，所以，在讲课时我把教材里要求会写的生字、会认的生字都按拼音、结构、组词、领读四个环节来讲，这样做会加深学生对生字的记忆，也教会了学生怎样扩展自己的生字数量。	对于那些要求学生会写的生字，学生必须扎实掌握，其他不是田字格里的字学生只要会认就可以了，现在学生们具备一定的识字量，有些会认的字是常见字，在日后学习中仍会反复出现，识字属于有计划的识字，等到一定阶段自然要学习那些生字，现在不必花太多时间来讲解。而且，如今的小学生都有许多课外读物，在那里会见到更多的生字，也包括课文中要求会认的字，我一般都鼓励学生多看一些有益的课外读物，只要是学生感兴趣的课外书他们就会主动去读，那样，他们就有主动识字的欲望，也会起到事半功倍的效果。

　　Y 老师与 L 老师对于会写的字与会认的字的教学方法是明显不同的，尤其在会认的字的教学上，并没有花太多时间去讲解，在识字教学上更注重学生的识字兴趣培养。而在处理阅读教学与识字教学的关系上，L 老师采取的是"两手抓，两手都要硬"的办法，占用了学生的自习时间，等于加大了

学生的学习负担,而Y老师在两者之间试图建立一种平衡,但更多倾向于以识字为主。识字与写字是阅读和写作的基础,一、二年级的教学重点还是识字与写字,全日制义务教育《语文课程标准》(实验稿)提出小学低年级阅读目标:"喜欢阅读,感受阅读的乐趣。学习用普通话正确、流利、有感情地朗读课文。"而阅读教学中的朗读、默读既是能力,又是理解内容的一种手段。低年级是学习语文的起始阶段,更多地通过朗读体会来理解内容,而不是靠讲解理解内容,并且理解的重点都是词和句,因为词、句是理解段、篇的前提,跨过词和句而追求语段、语篇的理解违背了语文的学习规律,有"丢西瓜捡芝麻"之嫌。至于小学低年级段的识字与写字的目标在全日制义务教育《语文课程标准》(实验稿)中也有具体描述:"喜欢学习汉字,有主动识字的愿望。"只要学生对学习汉字感兴趣,就会主动去识字,逐渐养成主动识字的习惯。随着时间的推移,学生就会自然形成和发展其独立识字的能力。因此,在识字教学中,更重要的是培养学生主动识字的兴趣,识字教学过程中学生能否自己独立识字才是关键。在这里,Y老师比L老师更敢于作出取舍。

(二) 学科教学法知识

学科教学法知识(pedagogic content knowledge),是指在具体的学科教学中,面对特定的教学环境及特定的学生,教师拥有的一种对所教学科的内容知识是如何组织和呈现以适应不同水平的学生的知识。而学科教学方法是一般教学方法同某一学科教学内容的结合,是不同学科各自具有的特殊而具体的教学方法。语文学科教学法知识是指语文教师在具体的教学环境中,对听、说、读、写等知识如何组织及呈现给学生时采用的教学法知识。

1. 组词识字法的具体运用

识字与写字是阅读和写作的基础。在低年级识字写字教学中,要将儿童熟识的语言因素作为主要材料,同时充分利用儿童的生活经验,注重教给识字方法,力求识用结合。教育心理学家潘菽认为:"尽可能使学生在已有经验和口语发展的基础上同时掌握同一个字的几种用法,不仅可以使他们更好地通过实际运用概括地掌握字的本义和汉语的某些构词规则,还可以扩展学生的词汇,丰富语言和思维材料,为作文打好基础。"[①] 组词即是掌握同一个字的几种用法,通过组词能巩固所学的生字,增强学生的用字能力,积累词汇,为造句以及写作打下基础。但是低年级识字教学中给生字组词一定遵

---

① 潘菽主编. 教育心理学. 北京: 人民教育出版社, 1980: 236.

循多多益善的原则吗?

生字组词	
L 老师	Y 老师
组词的目的是为了让学生加深生字的印象,在运用中掌握生字的一种教学方法。组词时多组一些成语是一种积累,孩子在课前预习的时候有的时候是查字典,有的时候是爸爸妈妈帮助的,但是语文涉及积累,如果让孩子把它查找的好的成语领着大家读一遍,大家就会有个初步的印象,知道应该去组什么样的词组,时间长了,今天积累一个明天积累两个,就会越积累越多,这样孩子的词汇量就会丰富。对于能解释的比较好容易解释的就给孩子解释一下。还有学生组词组的很多的证明他回家后仔细预习了,这就要对其提出表扬作为榜样鼓励其他同学。	在这个阶段的孩子在组词上自己不能把握住,因为字典上的词太多了,包括许多不适用的,知识面很窄的一些词,当孩子们用字典查生词的时候,只求数量,很盲目,不管这个词是不是合适,自己能不能理解。而我们让孩子预习组词的目的是为了让他们在以后写作文的时候,语言上能够灵活运用,如果自己不会用,只求让老师知道我组了很多词,那就没有意义了,所以要提醒他们,如果能够组成生动的词就不要组那些生僻的词组,如果学生组成那样的词,就要用他们能听得懂的话解释这个词的意思,在理解的基础上组词才是最好积累生字的方法。

Y 老师在给生字组词的环节更多地强调组词的质量,而 L 老师更多地强调组词的数量。小学低年级学生思维的基本特点是:"以具体形象思维为主要形式,逐步过渡到以抽象逻辑思维为主要形式。但这种抽象逻辑思维在很大程度上仍然是直接与感性经验相联系的,仍然具有很大成分的具体形象性。"[①] 小学低年级学生的这种思维特点决定他们对组词概念的抽象思维能力不强,他们对于一些抽象的成语难以领悟,有一些即使讲给他们听也可能听不懂,即使组词再多也一样记不住,不会应用,尤其是那些通过盲目查词典为了应付老师而组的词,更是一阅而过。组词的目的在于学习生字,扩大识字量,但是以组词多少为学习好坏的标准,会把学生引入一个误区,他们会过分追求组词数量,还有成语类的词组,但这些通过查字典或成语词典就可以做到,学生并没有把组词作为一种学习方法,而是变成一种课后作业,只是机械地完成作业而已,增加了学生的学习负担。在组词识字法的运用

---

① 朱智贤. 儿童心理学. 北京:人民教育出版社,1995:344.

上，Y老师强调的教学生学会学习，教给学生学习方法，而不像L老师那样强调知识的硬性灌输，所以，Y老师比L老师的教学方法更能减轻学生的学习负担，提高教学质量。

2. 随文识字法的具体运用

"随文识字"是一种识字教学方法，具体地说，在识字教学中，随文识字有四种处理方法：①

① 依在课文中出现的顺序，边读文边识字；
② 把课文中的重点字词提出来先学，其他的随课文讲读时再学；
③ 先学字词后读文；
④ 在理解课文以后再学生字词。

随文识字是一种寓识字于阅读之中的识字方法，教师如果能够恰当地运用随文识字教学方法，有助于解决识字教学与阅读教学之间的关系。

随文识字教学法	
L老师	Y老师
《稻草人穿衣服》这一课的重点还是在识字，二年级的每节课都是以识字为主，课文只是一个载体。所以，基本上都采用随文识字的教学方法。这节课的难点就是生字比较多，需要认识的字也比较多，因为它的识字量比较大，所以在难点处理这一块，就让孩子通过课文去找词汇，然后把它运用到课文当中去，再把它单拿出来，进行检测，所以说这节课采用的是边讲课文边识字的教学法。像课文中比较好的一些词，例如，这节课里有一段话是这样写的："麻雀们左看右看，还是不满意。'胸前的衣袋里还应该装点什么就好了。'于是，金色的稻穗，绿色的狗尾草，蓝色的矢车菊和红色的山楂果……全都插在了稻草人的衣袋里。"这段话里的"金色的稻穗，绿色的狗尾草，蓝色的矢车菊和红色	《稻草人穿衣服》这课除了掌握本课的生字，就是能够正确、有感情地朗读课文，它的重点、难点就是让学生体会小麻雀与稻草人之间这种友谊，是一种情感的培养。我对教学重点、难点的处理想法是这样的，原以为城里的孩子对稻草人不是很了解，但是一问孩子，孩子们还都知道，他们也一定知道稻草人是农民伯伯用来看稻田的，是一种警察与小偷的关系。而我要强调的是在课文中体现的稻草人与小麻雀的关系并不是这样的，如果采用边讲课文边学生字的教学方法，那要让孩子们了解稻草人与动物之间的和谐关系就会有难度，我只好把生字抽出来单讲。上课时，我就先领读一遍课文，再要求学生挨个读课文，每人一句话。然后，我再点出这

---

① 崔峦. 求是·崇实·鼎新：崔峦小学语文教育文集. 北京：人民教育出版社，2005：295.

续 表

L 老师	Y 老师
的山楂果"等这样的词,像山楂的"楂"是需要认识的字,还有菊花的"菊"是要求会写的字,让学生找一找在课文中哪部分出现的,能把这句话读一读吗?像这样什么样的什么,识完字以后再拓展,你还知道用什么样的词来形容它,你还想为它装饰些什么啊,然后孩子在这里面能够通过这个引导想其他的词,看他们还能不能说出这样的词,这也是课外的一种拓展,还是要围绕识字进行教学设计。	篇课文中小麻雀与稻草人之间的关系不是我们想象中警察与小偷的关系,而是十分和谐的关系,那么,在课文中如何体现这种和谐关系呢?我就提问:"大家从哪看出来他们之间关系和谐,从文中找出来?"并有感情地朗读你找到的每一段话,同学们做得很好,然后,我再用一节课的时间集中讲解生字,这样他们会更好地理解生字。不同的课有不同的特点,我是随机的,不是一成不变按照一种教学方式来讲的。哪些是侧重点,或者是以后孩子在作文、阅读方面哪些是现在需要指导的,我就会在这方面多花一些工夫。

  Y 老师在每一篇课文讲解上采用的识字教学方法并不相同,他更多的是根据教学目标,教学的重点、难点设计教学方法。当前教学提倡随文识字教学,但是随文识字教学方法可以具体分为几种。通过课堂观察发现,L 老师千篇一律,每节课都采用一种识字教学方法,就是依在课文中出现的顺序,边读文边识字,比较机械。随文识字是指通过课文学习生字,这样教学可以使学生牢固地掌握生字,但是,对于识字量大的课文,这种教学会对学生理解课文产生阻力。二年级的课文都是浅显易懂的,其中有一些课文,只要能够读下来,就可知道大意。教师在上课时,不必通过逐句逐段分析讲解来指导学生学会生字新词,学生基本上都能读通课文,了解课文大致内容。这样的课文教学,教师可以把生字从课文中提炼出来,进行专门讲解,阅读教学只围绕课文的重点作出分析,通过问题让学生进行回答,可以调动学生的学习积极性,培养学生主动探究、善于思考的能力。在随文识字教学法的运用上,Y 老师比 L 老师更懂得变通,Y 老师注重学生学习兴趣的培养,激发学生主动学习,L 老师则注重教学任务的完成情况。在教学中,根据教学目的以及教学重点的不同,采用不同的教学方法,一是可以实施有效的教学,另外,也可以带给学生不一样的新鲜感,尤其是低年级的学生,活泼好动,充满了好奇心,教师应该结合学生的心理特征及语文学科的特点灵活、多样

地选择各种教学方法激发学生的学习兴趣,这样可以提高学生的学习效率。

3. 日记的教学方法

日记是写作的基础,小学低年级要求学生写日记是对学生写话能力的一种锻炼。全日制义务教育《语文课程标准》(实验稿)[①]中明确提出写话的目标:"对写话有兴趣,写自己想说的话,写想象中的事物,写出自己对周围事物的认识和感想。""在写话中乐于运用阅读和生活中学到的词语。""根据表达的需要,学习使用逗号、句号、问号、感叹号。"既然小学一、二年级的日记就是对学生写话能力的培养,那么教师对学生日记的写作要求是什么?教师应该如何把握日记教学呢?

日记教学	
L 老师	Y 老师
写日记是一个日积月累的过程,尤其是二年级的学生,得逐渐接触写作了,因为三年级就要开始写作了。平时有的孩子比较懒惰,留完日记后都不好好写,所以,现在就得对他们提出要求,写得不到一页的日记我给撕了,为什么呢?要是不撕,有的孩子就会认为他的日记写得乱七八糟,也可以。应该用比较严格的态度要求他们,有的孩子,第二天拿来好好写的日记的时候,我让他跟昨天写的进行对比,他会说:"我今天写得好。""你为什么今天写得这么好?""因为如果我写得不好,老师会让我回家重写。""那你觉得以后应该怎么写日记?""我会像今天这样写。"	日记,只要学生写的日记是自己的心里话,是自己感受最深的事就行,不一定要有字数的限制,也未必要求语言多么优美,只要是自己用心去写的就可以。对于日记教学,要讲究方法。日记只是为了培养孩子写作能力的一个手段,小学生的写作水平还很低,只要他们写的是真实话语,是真实的感受,教师就应该鼓励他们。许多学生对写作有一种心理压力,对他们求全责备,只会让他们厌恶写作,甚至恐惧,以至于打消写作的自信心。我一般会采用"鼓励性的评语"并选取一些写得好的日记让学生朗读,然后让其他同学点评,总结优点与不足,并与自己作对比,相互学习,取长补短。

对于写作的评改,教师要更新教学观念,因为许多学生对写作都有一种心理压力,教师应该正确了解学生的写作心理,倾向于用鼓励的方式代替严格的批改方式,注重培养学生的写作兴趣,而不是在形式上教学生写作。日记,不同于作文,但也是一种写作形式,而且写好日记也是提高写作水平的有效途径。刚开始写日记,教师不要急于求成,欲速则不达。尤其在日记的

[①] 中华人民共和国教育部制定. 全日制义务教育《语文课程标准》(实验稿). 北京:北京师范大学出版社. 2001.

批改上，教师要善于发现每篇日记的"闪光点"，给予鼓励。当然，也要杜绝那些应付偷懒的不良现象的发生，但要讲究方法，不能采用极端的手段，这样会引起学生对日记产生厌恶感。《语文课程标准》中提到，在写作教学中，学生能把自己的见闻、感受和想象写出来，做到内容清楚，有一定条理，语句通顺，情感真实，书写工整，减少或不写错别字，会用常用的标点符号就可以。当然不同阶段的学生也要有不同的标准，根据一二年级学生语言心理的发展水平，学生能做到写出一句或几句通顺、完整的话，围绕一个意思写清楚、写明白，正确使用逗号、句号、问号、感叹号就可以了，重点还是要让学生对写作有兴趣。Y老师在教学中对日记的把握比L老师要好一些，Y老师更关心学生写作自信心的培养，也善于用鼓励的方式增加学生的写作信心，更符合学生的写作心理以及课程标准对写作教学的要求。教学方法的选用要符合学生的心理特征，不同的教学方法对学生在个性心理方面的影响是不同的，教学方法不当就会抑制学生的学习主动性，也会让学生丧失学习的信心，教师必须充分认识到这一点，应该多采用适当的教学方法，培养学生的自信心。

（三）一般教学法知识

一般教学法知识（general pedagogical knowledge）是指超越于具体学科之上普遍适用于各个学科的教育学知识，它包括关于教学理念、教学方法和策略、教学评价、教学设计、教育心理、班级管理等方面的能达成有效教学的知识。教学理念是一个具体的、可操作性的教育理念。教师的教学理念是他们对教学、学生、知识、学习等方面的个人认识和看法。所以，教学理念具有个性化的特征，教师的教学理念对指导他们开展日常教育教学活动，进行教育教学改革，具有直接的指导意义。

1. 课堂管理

每一位教师都希望自己的课堂教学能够正常进行，可是，学生们总是会出现注意力不集中、说话或其他影响课堂秩序的行为，所以，课堂管理对教师来说是教学中最困难最复杂的问题。课堂管理是指在课堂教学过程中进行的管理，即在课堂教学中教师与学生遵循一定的规则，有效地处理课堂上教学的诸因素及其之间的关系，使课堂教学顺利进行，提高教学效益，促进学生发展，实现教学目标的过程。[①] 处理课堂问题行为是课堂管理的内容之一，教师对课堂问题行为的处理原则直接影响教学质量，通过以下两个课堂里经常发生的问题行为可以了解Y老师与L老师处理课堂问题行为的原则。

---

① 杜萍.课堂管理的策略.北京：教育科学出版社，2005：8.

课堂问题行为处理一	
L 老师	Y 老师
上厕所必须让去，但是，有的学生会有一种心理，就是有一个去的，其他学生也跟着想去，如果都让他们去的话，会造成课堂秩序混乱的局面。上课时，有想去上厕所的学生先举手，然后我会快速地察看一下他的表情，看他是不是真的想去上厕所，有的学生只是借着上厕所的机会出去玩一会儿，我就不允许他去，有的学生是真的需要去，我就会让他去的。不过，一次只允许一个人出去，多人出去会造成课堂混乱的局面，在学校那里也会造成不好的影响，会扣分的。	考虑到小学生的生理特点，上厕所就得让他们去。因为现在二年级孩子还不算大，说大不大，说小不小，他们上厕所是不能限制的，必须让他去，有的孩子就是这样，一年级尿裤子的还很多，下学期还有呢，我们不能拿成人的思维来理解孩子。但是得让他们形成好习惯，要给他们制定课堂规章，每一节课下课的时候，都让他去一趟，这样上课的时候上厕所的就不会那么多了，上课的时候实在有需要去的，就得让他们去，也可以允许多人同时去厕所，但是要他们悄悄地去，来回的路上保持安静。

课堂问题行为处理二	
L 老师	Y 老师
我从一年级开始就一直都是这样的，只要课堂纪律一差，我就说"一、二、三"，他们就知道要手背后，坐直，听讲，现在他们已经很熟练。我觉得上课时，必须让孩子注意力集中，小学低年级学生的特点就是注意力集中的时间不会太长，虽然二年级相对一年级会好一些，但是他们的注意力也不可能达到40分钟都是那样的集中，所以一节课有的时候会涉及许多次这样的要求，只要课堂上出现溜号、说话的，我就必须整理一下课堂。还有那些总是说话的学生，他们不仅自己没有好好听讲，还严重影响了其他学生的听课效果，我就会让他们到讲台或门口站着，这样他们就会好好听讲，也会提醒其他学生注意课堂纪律。要不然，你自己在那讲得声情并茂，下面同学都不听那等于白讲，所以说课堂纪律是最重要的。	课堂上学生纹丝不动那种课堂氛围让孩子们没有朝气，思维也不活跃，尤其不符合小孩子的生长特点。低年级的小学生好动，不会长时间地保持一动不动，你要求他们安静地坐着听讲，有的也只会做样子给你看，也许早已经溜号了，而且这样的课堂不利于调动孩子的学习积极性。我看孩子课堂听课效果好不好是看他的神态，通过孩子们的眼神来观察，只要他们的大脑是在思考中，不是绝大多数学生都溜号的话，我就让孩子们随便一点，因为他本身保持听课的时间就很短，你还得掌握好各个环节，让所有知识点他们都得听进去，就得让他们能够放松一下，要不孩子会累坏的。对于个别溜号的学生，我会适当地走近他，然后用手势提醒他一下，将讲过的问题找同学重复一遍，这样他就会用心去记了。

课堂问题行为的处理是教学中一个复杂的过程，对每一位教师都非常重要，所以，教师在处理这些问题行为时应该遵循一定的原则，选择恰当的方法，对于教师进行有效的课堂管理是非常必要的。但是，这些课堂规则的建立要依据学生的身心发展特点，不能从教师的角度出发，一味地强求学生遵守一些过于严格的要求。Y老师在学生上厕所这一问题的处理比L老师要人性化一些，因为严格控制学生离开教室的数目，会限制真正需要去厕所的学生，不能因为个人的主观行为而违背了人的生理功能，Y老师在处理课堂的问题行为时能够考虑小学生的生理特点。从医学生理角度看，低年级学生的自我控制能力很差，小学生上厕所的频率要比成人高，在课堂上，倘若教师因为怕学生干扰课堂秩序过于严格限制学生上厕所的人数，真正想去厕所的学生会越憋越急，这对学生的身体健康是很有害的，也会影响学生上课的听课状态，所以说，如果学生在上课期间忽然尿急，举手示意，老师就应该允许其上厕所，这将是教育制度更加人性化的体现。在教学过程中完全有必要重视人的生理特征。还有处理课堂问题的时候也要避免一些错误的想法，不是学生越安静学习效率就越好，在课堂纪律方面，Y老师也比L老师要宽松一些，并没有严格要求学生保持安静，对于学生一些细小的不良行为不会进行干涉，除非学生的不良行为影响课堂教学正常进行，或者说学生溜号错过重要的教学内容时，才采取有效的措施，还有Y老师也更强调学生的生理及心理特点。另外，通过课堂观察，笔者也发现，L老师在课堂上对学生不能正确地回答问题以及回答不出问题这一情况使用了体罚及严厉的批评，这是一种不恰当的惩罚，教师这样做只会让学生产生恐惧心理，渐渐的学生不敢回答问题，而越是不敢就越出错，就会导致学生对教师更加畏惧，从而产生厌学情绪。

2. 教师的学生观

学生作为一个真实的人存在着，他们有着独立的意识和情感，教师应该承认学生是自我发展的主体，而不是被改造的客体。每一名学生都是不同的个体，他们存在着个性的差异，教师就是要善于发现每一名学生的个性特征，培养学生的个性，并且尊重学生，相信学生，这是新时代的学生观。教师眼中的学生是什么样的，决定他对学生采取什么样的教学态度。教师对学生的评价对学生来说是非常可信的，因为他们相信教师，并且在学生心里，教师具有一定的权威性。在一个人的成长过程中，尤其是学生阶段，教师与其未来发展方向是密切相关的，所以，教师的学生观至关重要。从下面这个普遍而又陈旧的话题——"教师对'好'学生与'坏'学生的理解",可以体现出两位教师的学生观。

教师的学生观	
L老师	Y老师
每个班级都有学习好与差的学生,要做到因材施教,那就是分层。我在学习好的学生身上花费较少的时间,因为他们参与课堂的程度很高,理解、吸收知识的能力很强,作业也都会按时完成,完成质量也很高,上课遵守课堂纪律,所以,只是鼓励他们利用课外时间多学些知识,丰富自己。对待学习差一些的学生,则不能要求太高,让他们把基础知识掌握了就行了,拔高的部分他们基本上都达不到。而且,他们的学习积极性不高,上课时不太遵守课堂纪律,总是说话,也不按时完成作业,很是头疼。最关键的是,有时,教学计划订得好好的,就因为他们要耽误好多的事情。上课时,他们接受新知识的能力差,否则回答问题时反应不会那么慢,等他们就会耽误进度,不等他们,他们又落下了,所以,既不能只考虑他们,又不能不管他们,那就得多花些时间教他们,像利用放学后的时间给他们补课,争取他们尽量赶上来,不拉班级的后腿。还有极个别学习成绩特别差的学生,是如何补课也赶不上来,现在又不允许学生留级,的确是没有办法,只有尽自己最大的努力去争取照顾多数学生了。	学生没有好差之分,所以这样分是从他们的成绩来定的,这不客观。如果用成绩来评定学生好差的话,那么"差学生"就不是真的差,他们只是没有遇到合适的学习方法,没有得到有效的帮助而已。举例说吧,四年级的时候,有个男孩子很淘气,在低年级的时候就是这样,老师对他的印象非常不好,有的时候把家长叫到学校来,让他们陪着孩子上课,让家长很没面子。当我接手这个班级时,我发现这个孩子有许多优点,他对老师很热情,受到批评后不会怀恨在心,还是一如既往地对老师,而且他特别无私、大气、关心班集体,就是学习成绩差,然后我就引导他,最后把他培养成学校的大队干部,然后又成为区级五A学生,最后在小学升中学考试的时候,在近千人中成绩排名第二,还在中学进入实验班,这个学生一直都挺感激我的,总是想着我,也时常和我联系。至于那些接受知识能力差的学生,多一些简单的问题给他,然后让他找到学习的自信心,别把难题给他,慢一点,必须给他机会,但是不能放松,只是给他一段时间让他自己调解一下。

从表面看,L老师也想在学生之间找一种平衡,对学生能够采取因材施教的方法,但是,L老师是从学生成绩的角度出发来看待学生的,本身出发点就已经错了,即使她作再多的努力,对于一些学生来说,也就是更加确信自己的无能而已,这样无疑是提早给学生判了死刑,使学生失去自信心,这

对学生的成长是不利的，也会影响学生日后的人生观和价值观。而在 Y 老师的眼中没有好差学生之分，Y 老师对学生的看法不是根据学习成绩、学生的纪律表现来划分等级，而是从学生的整体来评价学生，在别的老师眼中的"差"学生身上，Y 老师能够通过发现他们的优点找到一种适合他们的学习方式，并相信他们，用心与学生沟通，进一步引导学生，促进学生的成长。相信学生是教师的学生观的又一个支点。学生处于发展过程中，尤其在小学阶段，学生的潜能还未被完全开发出来，教师作为学生眼中的权威人士，不应该轻易给学生作出消极的评价，也不能轻易给学生贴上差生的标签，因为，当他们进入社会后，这样的评价仍会时时影响他们。再就是要尊重学生的个性差异，个性化学习理论认为每个正常的孩子都有自己独特的天赋特征和潜在的优势，当然也有不同于别人的弱点，有的学生可能在学习一般文化课上比别的学生要稍微弱些，但这并不能决定他就不会有好的成就。加德纳的多元智能理论，就是对传统智能理论的批判。加德纳认为人的智能不是一种能力，而是一组能力，智能不是单一的，而是多元的。每个人与生俱来的都拥有以下几种智能：语言智能、数理逻辑智能、视觉空间智能、身体运动智能、音乐和节奏智能、人际关系智能、自我认识智能、自然观察者智能和存在智能。但是，每个人都有他的智能强项与弱项，不可能这几种智能都是强项，因此，以学生的成绩评定学生是不全面的，在这一点上，Y 老师比 L 老师更显示出尊重学生的个性，也更能帮助学生发展他们的个性特征，培养多方面的人才。

（四）课程知识

课程知识（curriculum knowledge）是指关于各种课程的知识和关于某一级别某一主题的可用的教材的知识，它包括课程目标的确定、课程内容的选择和组织、课程实施、课程评价、课程资源的开发等。课程资源的建设问题是我国基础教育改革中的一个重要课题，教师是课程资源建设中的关键，作为一名教师，有效地利用以及开发课程资源对帮助学生学习以及发展有重要意义。课程资源是以生命载体和非生命载体两种形式出现的，教材资源是一种非生命载体，学生则是生命载体的一种，教师对课程资源的概念及意识决定着课程资源的有效开发和利用。

1. 教材资源的开发

教材不是唯一的课程资源，但是教师也不能忽视教材资源的开发和利用，教师要依据自己所处的实际环境、教学目标的要求和学生的实际情况，钻研教材，对教材内容进行必要的调整，这种调整包括对原有内容的增删、引申、扩展等,也包括创造性地制作教学用具、收集相关资料等。这里主要指的是教师教学用具的准备以及教学资料的收集情况。

教材资源的开发	
L 老师	Y 老师
主要就是围绕课的内容作准备。备课时我除了考虑教材知识,相关的拓展就是学生了。备教材主要是参照教参把教学目的、教学目标,教学重点、难点把握住,这节课哪些是重点,哪些是难点,最终教学目的是什么,其次是整个教学过程的设计,教学设计时也要考虑学生,因为所教学生的特点,有哪些能力,都是在课前要预知的,就是说他预习到了什么程度,时间一长你也知道家长的层次,他能帮孩子预习到什么程度,再就是课堂上你必须知道这些知识你叫哪些学生比较合适。至于教具方面因为条件不允许就准备不了。	每节课上课之前要备课,首先考虑的就是备教材,把握好教材然后再把握一下自己班的学生情况,因为,教材、学生都很重要。备教材的目的是为了了解教学目标、重点、难点等,知道哪些内容难教,哪些内容还要作出补充。还要了解学生的实际情况,如学生的兴趣、心理特征等,然后设计整个教学过程,并选择相应的教具,把二年级的识字课上得生动有趣,让孩子通过课文扎实地掌握生字。比如,我上课的时候,每一节课都要做字卡,因为教学条件有限,我的字卡都是自己亲自制作,亲自写的,每节课都有。

　　课程改革提倡教师要合理地开发有效的课程资源,并指出教材不是唯一的课程资源,这就使得有些教师忽视了教材的基本作用,教材是知识的重要载体,盲目地寻求课外参考书、教学媒体等资源的开发和利用,则是一种舍本逐末的做法。教材在教学中的作用非常重要,它的重要性是其他课程资源无法替代的,因为每一位教师所用的教材都是经过严格编审和筛选的,它有非常高的质量保证,它的存在有其合理性。教师在教学过程中首先应该好好钻研教材,了解教材的结构和具体的内容,清楚哪些知识是教学的难点,哪些知识需要加以补充,哪些知识可以不教,而转为学生自学,等等,然后再参考其他材料,并通过了解学生的实际情况之后,再寻求其他辅助资源设计教学,还要选择一些适当的教学用具来调动学生的学习兴趣。Y 老师的做法以及在教具的选择上要比 L 老师灵活得多,能够自己独自钻研教材,并根据自己的实际情况以及学生的特征设计教学,没有因为教学条件的限制而放弃教具的使用,自己动手制作教学用具,开发教材资源。

2. 学生资源

教师在同学生互动的教学过程中,学生的提问、学生的错误、学生的好奇心等都是一种课程资源。学生作为学习者,往往会在掌握知识的过程中出现各种错误,如果教师对于学生出现的错误加以利用,有针对性地进行讲解及修正,那它就是一种有生命的课程资源。在讲《遗爱寺》那一课时,两位教师在讲"临"这个生字时,有了一点不同,L老师在课上讲了"临"字的结构、书写、组词之后就进入下一个生字的讲解。而Y老师则在"临"这个生字的讲解过程中多了一个小插曲,就是当她提问学生"临"这个字的检字部首后,发现没有一个学生的回答是正确的,就又花了半节课的时间讲解检字部首和本身就是部首字的生字的部首问题。L老师为什么没有对学生是否掌握了"临"字的检字部首这个事情进行考察,而Y老师这么做的原因又是什么呢?

学生资源的开发一	
L老师	Y老师
刚开学的时候学生们已经学习了部首查字法,在上课的时候也给学生专门讲了检字部首的问题。检字部首对于学生学习生字是很有意义的,他通过部首查字法,不认识的字他都学会部首了,查到字典了,在字典上查到这个字读什么、念什么,然后查字义,查组词,这样的话在课后预习、组词方面他就可以自己去查字典了。既然已经用专门的一堂课讲过这个知识了,就没有必要再浪费时间去做这个事情,学生们应该都已经掌握了关于检字部首的知识了,已经知道如何查找一个生字的部首了,也应该知道"临"字的检字部首是第一笔小竖。	现在小学生在一年级的时候学过拼音查字法,这学期又学习了部首查字法,这样的话在课后预习、组词方面他就可以自己去查字典了。用这么长时间使学生明白了"临"字的检字部首是第一笔小竖,是因为在这之前有一节课专门讲部首查字法的知识,讲的时候,学生理解就非常困难,尤其现在字典各式各样,不统一,教部首查字法非常困难,如果孩子要是部首选取错误,那在字典中就查不到这个字,这很重要。经过这么多年的教学,我发现这个地方很难,学生在这个地方很容易出错,教师应该及时回顾已往的知识点以及与以后教学中的衔接问题,所以才花费这么多时间来强调。

在另外一节课《绝句》的教学过程中,以"绝"字为例,Y老师不只是讲解"绝"字的结构、读音和组词,还特别强调"绝"字的这个"刀"字头和"巴"字不能连上写,还有就是与"决"字的区别。而L老师在上课时讲

解完"绝"字的结构、读音和组词,就是让同学们看黑板上的书写。L老师为什么没有强调"绝"字的易写错处?Y老师又是如何知道学生在这个地方容易出错的呢?

学生资源的开发二	
L老师	Y老师
这个"绝"字是左右结构的字,"色"是以前学过的字,"绝"字不容易写错。这个绝字的难点在于"决"与"绝"这两个字的区别,一个是这个"绝"字,表示没有的、拒绝,可以组成词,另一个是"决",两点水的决心的"决",它和这个"绝"容易区分不开,时间有限,所以在课后做了一下这两个字的区分,意义上的区分。	"绝"字容易写错的这个地方,这是平时看孩子写字看到的,还有"决"与"绝"这两个字是易混淆的字,许多学生在这个地方都出现过错误。比如,组词的时候就有学生"决"与"绝"这两个字区分不明白。既然他出现了这个错误,你在讲课时就马上会反应到这个地方需要强调,所以,上课时才特别强调一下,加深学生记忆。

学生在学习过程中出现错误是一种正常现象,关键在于教师如何把握这些错误并加以利用,作出修正和补充才是关键。学生也可以从错误中吸取经验,发现自己的不足,及时改正错误。学生出现的错误是一种有生命的课程资源,在课程资源普遍紧张的情况下,如果教师意识不到这种资源,那就是一种损失。所以,教师要善于开发教师、学生、教育管理者以及各种层次的教育研究人员,甚至社会人士等有生命的课程资源,因为这种课程资源具有内生性,是课程资源开发的基本力量。Y老师比L老师更善于利用这种有生命的课程资源,并及时对教学进行补充。

(五)教学机智

教学机智(the tact of teaching)体现在具体的教育情境中,是教师在具体的教育情境中处理偶发性事件的一种独特的知识,它考察的是教师随机应变的能力,并且在意想不到的情境中能够表现出积极的状态和乐观的态度。在日常生活中,我们总会有各种各样的计划,但并不是所有的计划都能完美地实现。即使刚开始预想得很好,说不定它也不会如你所愿或者在发生改变。斯宾塞·约翰逊说过:"再完美的计划也时常遭遇不测。"[1] 对教师来说,课程计划得再好,备课时再详细,当你一踏入课堂,就都不同了,课堂

---

[1] [美]斯宾塞·约翰逊. 谁动了我的奶酪. 吴立俊译. 北京:中信出版社,2001:9.

里随处可见偶发性因素，学生是制造偶发性事件的主要"罪魁祸首"，教师不可避免地要随时处理这种偶发性事件，如何应对这种意想不到的事情才能重新将课堂从偏离的轨道引向原订的计划中呢？

《稻草人穿衣服》片段	
L老师	Y老师
师：同学们现在看书，读下面的几段话，找出两个生字。 生：紫。 师：咱们班什么是紫色的呢？ 生：葡萄。 师：不对，说的是咱们班！ （生沉默） （看学生没说出来，老师从讲台里拿出紫色的粉笔盒） 生：粉笔盒。 （接着教师对"紫"字进行讲解） …… 师：那同学们还想给稻草人装点些什么呢？ 生1：漂亮的帽子。 生2：红色的喇叭花。 （老师用彩色粉笔为稻草人画出学生说的喇叭花，可是没有画帽子） 生3：牵牛花。 师：要说什么样的什么，用形容词的表示方法，还要给稻草人装饰些什么呢？ 生4：绿色的叶子。 生5：白色的百合。 （老师用彩色粉笔为稻草人画出学生说的叶子和百合） 生6：蓝色的蓝天。 师：不对！ 师：装扮上了这么多东西，稻草人会变得更加漂亮。 师：可是它还缺少什么呢？（教案预设是帽子，可是刚才已经有同学说过了） 生：帽子。 （教师继续按教学计划讲课）	师：现在开始写生字，如果写的又好又快的话，我们一会儿做猜字游戏。 （学生们动笔写生字） 生：老师，我一直有个问题，这个"消息"的"肖"字上半部分是先写竖还是先写两点？ （老师稍作犹豫，马上说到） 师：你们以前是怎么写的？ 生：先写竖。 师：那就先写竖。 …… 生："消"字可以组词为"消息"。 师："息"是哪个"息"呀？ 生：这节课学的"息"字。 …… 生：老师，"息"可以组词为"嬉皮笑脸"吗？ 师："嬉皮笑脸"的"嬉"是这个"息"吗？ 生：我妈说是这个字。 师：那回去告诉你妈说不是这个"息"是"嬉"。（老师在黑板上写下"嬉"字） 师：你妈妈说谁"嬉皮笑脸"啊？ 生：说我。 师：为什么说你啊？ 生：说我笑得像个鬼，就是嬉皮笑脸。 师：你笑得很可爱啊，而且"嬉皮笑脸"也不是这个意思啊，现在，你就可以查一下"嬉皮笑脸"的涵义。 （学生马上在词典上查找"嬉皮笑脸"的涵义，并解释给大家听） 老师表扬了他，还让他回家后可以解释给他的妈妈听。 （学生继续写生字，然后猜字游戏）

《遗爱寺》片段	
L 老师	Y 老师
（这是一堂试讲课，该校的校长以及语文学科二年级组没有课的老师都来听课，分别坐在教室的过道） 师：“爱”字是什么声母？ 生：零声母。 师：你能给"爱"字组词吗？ 生1：爱好。 生2：爱情。 生3：爱护。 师：用爱护说话，我们要爱护什么呢？ （生沉默） （教师于是开始想办法启发学生回答，在教案中预设的是爱护校长和老师） 师：在同学们周围的是什么啊？ （学生似乎受到了启发，纷纷举手回答） 生1：爱护书本。 生2：爱护教室。 （教师仍然没有得到想要的答案，于是再启发） 师：那在学校我们都应该爱护什么呢？ 生1：爱护环境。 师：还有呢？ 生2：爱护桌椅。 师：我们要爱护学校，就是我们每天都能看到的什么呢？ （学生沉默） （时间过去很多了，教师很尴尬，已经开始着急） 师：哦，学生要爱护这么多的东西啊。 （于是教师不再提问，继续往下讲） …… （本节课没有按照预订计划完成）	师：现在学习"爱"字（讲解"爱"字形结构） 师：那么我们要爱什么呢？谁是值得你爱的人呢？现在找同学用"爱"字说一句话。 生：我要爱我的爸爸妈妈。 （学生用"爱"字说话） 师：那么"爱"字能组成什么词？ 生5：爱心。 师：我们用爱心来造句。 生6：尊老爱幼，一份爱心，一份热情。 师：像诗一样美。 （学生接着组词） 生8：爱情。 师：对，爱情也是词组。 生9：爱人。 （这对于现在小学生来说似乎是一个很敏感的词组，引起一些学生的强烈反应，有的学生在下面窃窃私语，还有的在偷笑，课堂很乱） （老师没有因为学生这个回答批评这名学生，也没有严肃课堂纪律，而是马上在黑板上写下"爱人"这个词组） 师："爱人"也是一个词组，并没有什么不正常，大家先不要笑，你们说一说谁称谁为爱人呢？ 生10：称女人。 生11：爸爸妈妈。 师：这样单独说"爸爸妈妈"不能算是"爱人"，而要这么说，爸爸称妈妈为爱人，妈妈也可以称爸爸为爱人，也就是说，爸爸是妈妈的爱人，妈妈是爸爸的爱人，还可以形容恋爱中的男女互称对方为爱人，自己心爱的人。没有什么可笑的，知道吗？

美国畅销书作家巴德·舒尔伯格在回忆童年生活的作品《"精彩极了"和"糟糕透了"》一文中,生动地阐述了精彩和糟糕是同时并存且相互转化的,就看你怎么处理、如何对待了。对教师来说,精彩和糟糕同时并存的情形可以说是经常存在的,就像L老师的那堂试讲课,因为没能达到她的预设效果,她就很尴尬,如果这时候她能准确地作出判断,立即改变原定的教学计划,就可以保证教学过程的顺利进行。还有在《稻草人穿衣服》那课,也是不懂得变通,只是按照自己的教学计划按部就班地讲解。从这两节课可以看出,由于L老师本身对教学计划做的就有所欠缺,才导致上课的时候会出现意想不到的事情,也因为她对这样的意外事件没有做好心理准备,上课时的表现要不就假装忽视,要不就是十分尴尬,教师对突发事件采用了错误的处理方式或是处理不得当,往往会使课堂气氛变得异常紧张,也会导致教师意想不到的尴尬局面,甚至还会葬送整堂课。而Y老师面对这样的课堂意外事件则处理得十分合理,比如说这个"爱"字组词,学生组成"爱人",他明知道这个词会引起同学的哄笑,果真,就开始有人在笑。这时,Y老师的反应是,马上在黑板上写下"爱人"这个词组。接下来就说到:"'爱人'也是一个词组,并没有什么不正常,大家先不要笑,你们说一说谁称谁为爱人呢?"接着课堂就转入了正常的轨道。Y老师的想法是这样的:"孩子的思维特别奇特,他想的东西五花八门,只要敢说的孩子,他什么都能说出来,上课的时候,他不一定出现什么新花样了。像这种课堂你要是对他们说,笑什么,有什么可笑的,或者说你捣什么乱啊,对同学进行严厉的批评,那么在孩子的心中他从小就会认为这是一件耻辱的事情,这两个词代表不好的事情。我当时一看这种情况,还有别的孩子笑发言的孩子,我就得引领他们,以后再看到这个词就不会发笑了"。还有在《稻草人穿衣服》那课,关于"肖"字上半部分是先写竖还是先写两点的问题,Y老师作出的反应就是反问学生:"你们以前老师是怎么写的?"面对这种课堂上出现的突发事件,Y老师能迅速、准确地作出判断,而且采取因势利导的方法,将尴尬转变成挖掘事件中的积极因素,有效地处理并保证课堂教学继续进行下去,这是她随机应变能力的体现。还有这个"息"与"嬉"字的区别,Y老师也是很风趣地将"息"与"嬉"区别开来,还引导学生通过查词典了解成语"嬉皮笑脸"的涵义。一位出色的教师,遇到突发事件只能选择面对而不是逃避,教师的随机应变能力和课堂上的教学机智往往就是在这个时候得到体现并加以提升的。课堂突发事件产生的时候,教师应该正确引导、和谐处理,这对课堂能够起到推波助澜的效果;处理得当,将带动课堂气氛,有助于课堂教学的正常进行。教学机智对于课堂教学效果是非常重要的,教师在面对突发事件时经常表现出这种机智,是长期教学经验积累的结果,是一种成熟的标志。确实,掌握处理课堂突发事件这样的教育机智,对教学活动的顺利进行及教学任务的有效完成,有不可忽视的作用。

(六) 自我知识

教师的自我知识 (knowledge of self) 是指教师自我作为个体的知识,具体包括:教师对自我角色的认识,教师的人格特质,教师自我的价值观,教师对其权利义务的认识,教师的教育信念,人际交往,等等,教师自我知识的形成与教师的个人经历及生活环境是分不开的。教师的自我知识关键是教师在知道"我是谁?"的基础上如何认识自我的问题,这个问题影响教师教学工作的方方面面,那么,Y老师和L老师是如何评价自己的呢?

L老师	Y老师
刚开始从事教学工作的时候,肯定有一些知识性的内容掌握得不好,教材把握得也不够,有时间的时候,我经常看别人讲课,把一些好的东西借鉴过来,觉得不好的或者不适合自己的这种教学风格的,和自己思路不一样的自己再改一下,没有必要照抄照搬。我觉得每个人的教学都要形成自己的风格,只有自己形成的东西才是好的东西,但是还要学习,当你发现一个新的亮点的时候可以采纳过来,因为孩子感兴趣,他接受了,知识掌握得牢固了才是成功了。	当了这么多年的语文教师,我觉得我最大的优点就是极端负责,而且能够与学生进行心与心的沟通。以前在教高年级的孩子时,在心与心方面特别好沟通,你可以用一些教学手段和方法去引领他们就能和他们成为朋友,有些事有很好的共识,而且孩子很容易产生对你的那种尊敬、爱戴啊,他由敬重你而愿意听你的课,愿意学这门知识,在课堂上你可以开玩笑,很幽默,可以用各种方式传授知识,与学生有很好的交流,甚至孩子可以协助你做许多事。

教师的自我知识有助于教师利用"自我"进行教学,教师只有对自己的性格、能力特征等有了足够的了解之后,才能更好地认识自己,懂得扬长避短,利用自我的知识去形成自己的教学风格,并且能够发现自己的不足,及时调整自己的行为和态度。自我认识在教师的专业发展中起着重要的作用,只有自我认识,教师才能把握自己与外部环境的关系,才能把自身的发展当做自己认识的对象和自觉实践的对象。教师只有实现自我认识,才能在完全

意义上成为自己发展的主体，才能有自我发展的意识，才能实现自我的专业发展。从上面的分析中可以看出，两位老师都能够正确认识自我。

四、结　论

（一）研究结论

从上面的分析中可以发现：

第一，经验教师的学科内容知识比初任教师要丰富得多，正因如此，经验教师对于学科以及学科的主要事实、概念及它们之间的关系理解比初任教师更能抓住学科的本质以及内容的重点，也正因为经验教师比初任教师的学科内容知识丰富，才决定经验教师能够在抓住学科本质的基础上采用恰当的策略引导学生进行有效学习。

第二，经验教师与初任教师的学科教学方法是有区别的，经验教师更注重教给学生学习方法，是以学生的学为重心，注重调动学生的学习积极性，培养学生的自信心。初任教师则是以完成教学任务为前提，注重知识的传授。经验教师在选择适合内容的教学方法时比初任教师更灵活，经验教师的教学评价比初任教师更具有现代的评价观。所以，经验教师的学科教学法知识比初任教师更完备。

第三，经验教师比初任教师能更有效地处理课堂的问题行为，能够平稳地进行教学活动。在教学理念方面，经验教师具有现代化的学生观，能够对学生进行综合的评价，而初任教师的学生观比较浅薄，看问题只注重表面。所以，经验教师的一般教学法知识要比初任教师更丰富。

第四，经验教师比初任教师能更有效地利用以及开发课程资源，尤其是更善于把握住对有生命的课程资源的开发及利用，并及时对教学进行补充以帮助学生学习，初任教师在课程资源的开发及利用方面显得肤浅一些，这说明经验教师比初任教师拥有更丰富的课程知识。

第五，经验教师遇到突发事件的时候选择正确地面对，并正确引导、和谐处理，带动课堂气氛，使得课堂教学正常进行。初任教师对突发事件采用了错误的处理方式或是处理不得当，使课堂气氛变得异常紧张，也导致初任教师意想不到的尴尬局面。所以，经验教师的随机应变能力和课堂上的教学机智比初任教师要表现得更出色。经验教师在面对突发事件时经常表现出这种机智，经验教师比初任教师要更成熟。

第六，从上面的分析中可以看出，两位老师都能够比较正确地认识自我。

所以，通过初任教师与经验教师实践性知识的比较研究，得出结论：经验教师的实践性知识比初任教师要丰富得多，而这种实践性知识的获得与长期的教学实践是分不开的。

(二) 对教师教育的启示及建议

教师实践性知识是教师专业发展的重要知识基础，在教学工作中发挥着不可替代的作用。通过初任教师与经验教师的实践性知识比较研究发现，虽然两者之间的确存在差异，但是，经验教师的实践性知识也不是与生俱来的，经验教师的实践性知识也是在教学实践中逐渐形成的。目前我国师范生的培养更多地侧重于理论学习，教学实际操作的机会很少，导致初任教师缺少在实际教学工作中运用的实践性知识，只有改革教师教育的培养模式，才能促进初任教师实践性知识的发展。如何通过教师教育来发展教师实践性知识呢？师范教育的改革重点就是应该开设以实践性知识为基础的实践性课程。根据所学专业的不同，各个专业可以相应地在大二或者大三开设一些与基础教育息息相关的课程，如中小学教材的分析、中小学学生心理特点的分析、课堂教学案例分析等，让师范生更多地了解基层教育的信息。另外，就是教育实习的整体改革。我国师范教育的教育实习时间普遍安排在大学四年级的上学期，教育实习时间为一个月左右，但是许多实习生和指导教师普遍反映应该延长教育实习时间，最好是一个学期，这样对实习生实践能力的培养才更有实际意义。教育实习也不一定非集中在一个时间段里完成，最好根据不同的专业，在大二或者大三就让学生有一定的实习机会，多和中小学搞些联谊活动，多接触基层的老师和学生，对于师范生未来目标的明确性更有帮助。

课堂评价的有效性反思与
研究性功能转向[①]

——兼谈课堂学习研究对教师专业发展的意义

课堂评价指的是通过课堂观察等手段对课堂活动进行的价值判断,它可以指教师对学生的学业或课堂表现的评价,也可以指对教师的教学水平与质量的评价,本文指后者。我国的课堂教学评价经历了从无序到有序,又从管理主义到促进教师发展的历程。

一、课堂评价的改变及有效性悖论

促进教师发展是当前我们对课堂评价功能的认识,因此,很多研究把关注点放在如何改善评价方式上:更新量表,多元的评价方式,多主体的评价方式,等等,但现实中,评价方案要么不被使用,要么成为制约教师课堂表现的藩篱。

1. 当代课堂评价着眼点的演变

20世纪80年代中期之前,我国的课堂教学评价主要以听课、评课的方式,凭经验判断教师的教学水平,指导教师的教学改进,存在着长官意志、主观性、随意性等无序的问题。随着西方教育测量与评价技术的引进,一些量化评价方式,如制定课堂评价的指标体系、量表测量、量化处理分析等技术开始被运用起来,当然这些技术并不是完全替代了听课者的主观评价,而是作为一种令人信服的依据与证明手段,跟以往不同的是,从这一阶段的课堂评价开始注重澄清课堂教学的应然目标,并以此作为量化或主观评价的依据。20世纪90年代以后,随着教育、教学观念的改变与发展,人们对理想的课堂期望越来越丰富、多元,进而,课堂评价的着眼点也日渐多元化,然而,课堂评价中出现的问题是尽管量表制作得越来越完整,听课、评课的

---

① 本论文发表于《东北师大学报》2007年第2期。

着眼点越来越丰富，导致的结果却是被评价的课堂与常规课堂的差别越来越大，以至出现了"表演课"这种特殊的"课程类型"。究其原因，蕴含着新的教育、教学理念的课堂评价标准是根据理想的课堂构想推演而来的，对学校而言，只有在各种形式的课堂评价活动、学期检查、能手教师大赛中使用这样的教师评价方式。而在应试文化的氛围中，学生成绩是学校评价教师工作业绩的幕后的真实尺度，教师真正关注的是用什么方式提高学生的考试成绩，这样经过精心打造的不同于日常教学的"表演课"的产生就不足为怪了。在"表演课"上，教师尽量满足评课者的各种目标，组织学生讨论，培养学生情感，鼓励学生发挥主体性，于是公开课变得热热闹闹，花样翻新，公开课结束，一切恢复"正常"。

2. 改良课堂评价技术的理论局限

关注学生，承认学生在课堂上的主体性，关注学生在课堂上的活动与体验，关注课堂教学给学生带来的多元价值目标，这些都是现代教学观的应然追求，理应作为课堂教学评价的依据，但是这些教学观是理念层面的追求，是一个学段内课堂教学应该达到的标准，这种表达尽管层次、体系清晰可辨，易于量化，易于比较、管理，但问题是这些体系是在无数个具体的课堂上总结、抽离出其中的共性，当用这些共性的标准去看每一个具体的课堂的时候，课堂又都是具体的情境，这些具体的情境可能是由于课型的差别：新授课与复习课、练习课的不同，也可能是由于内容的差别，有的内容适合教师清晰的陈述，有的内容则需要学生建构式的体验，更有不同学科、不同年龄段、不同的教师教学风格、学生原有的基础、习惯以及师生已经建立起来的默契等，评价的指标体系代表了最优的课堂属性、结构，而事实上是几乎找不到能够满足所有指标体系要求款项的课堂，属性结构不能被还原到每一堂课上。因此，课堂评价的指标体系作为理念层面的追求被技术地分解，就是把一个历时态的问题用同时态的方式表达出来。当我们厘清了课堂评价指标体系的本体论特征后，再来看这一指标体系是如何被使用的。课堂评价的指标体系被作为衡量教师课堂教学水平和态度的标尺不足为奇，问题是它是如何被使用的，由于它条理清晰，易于量化，便具有简便易行、客观可测的品质，学校管理者是用指标体系的检测结果与教师职称、奖金、荣誉等直接挂钩，以此代行管理，减少意见分歧带来的损耗，而这种检查或者叫指标体系的使用依据却是某一堂教学检查课、公开课、观摩课、评比课等。等于把要求教师在一个阶段需要完成的任务在一个课堂上展现出来，这一悖论给我们的提示是课堂评价的改进不仅是用现代的教学观充实调整评价的着眼点和内容的指向，还要调整它的使用方式。

3. 改良课堂评价技术的功能局限

评价的最终意义在于通过教师行为的改变，促进教育教学质量的提高和学生的发展，对于教师教学过程的某个横切面的全面考察，带来的一些功能性负效应表现如下：

首先，就管理效应而言，这样的评价很难做到教师教学态度和教学行为的根本改变，这样的评价是与教学过程分离的，它的发生是间断的、偶然的，真实的教学过程难以预测、诊断与考察。

其次，在评价过程中，教师的心理状况会发生很多微妙的变化，影响评价的结论，甚至影响教师作为一个生命个体对职业的感受。一项关于教学评价中教师心理反应的调查显示[1]，在评价之前，教师会出现疑惧心理、紧张心理及被审心理，在评价中则有迎合心理、抵抗心理、应付心理及防卫心理，在评价之后出现的是敏感心理、纹饰心理及申辩心理等不良心理状况。这是因为，在评价过程中，评价主体与教学主体截然分开，或者是相对立的审视与被审视的关系，在被动的心理状态中，教师很难做到真诚的反思和有效的改进。

再有，即便教师在评价中抱着积极的态度，准备从评价中获得检查、验证，促进自己行为的完善、改进，但这样的评价能够给予教师的信息是残缺的、有限的，只是一些好与不好的结论，更何况这些好与不好的结论仅仅依据一些片段的事实，并不一定具有统计的意义，或者并没有深刻考察这些片断背后的原因、情境、经验等，教师也就更难分辨究竟好在哪里，不好在哪里，好与不好的程度怎样把握等。现实中，评价功能的局限使得这些评价标准和指标很少被用来进行真实的课堂教学评价，或者说几乎看不到对某个评价标准和指标应用于课堂教学的研究报告，本来是具有极强应用性的课堂教学评价体系却成了一个纯粹的理论构想，缺乏实际应用，因而虽然研究者们不断推出一个又一个评价体系，却都只能是过眼云烟，实践中教育管理者或教师仍然还是靠自己的经验去各自创建一个评价体系。[2]

二、发展性课堂评价的提出与研究性功能构想

近年来，越来越多的学者认为，课堂评价的功能不在于管理和监督教师

---

[1] 蔡敏，冯莹. 教学评价中教师心理反应的调查研究. 中国教育学刊，2006 (1)：65—68.
[2] 丁朝蓬，等. 我国课堂教学评价研究概况、问题与设想. 教育科学研究，2006 (12)：10.

的工作，更重要的是通过课堂评价促进教师的专业发展，最终实现提升教育、教学品质的目的。叶澜教授在总结新基础教育实验中的评价改革时，对发展性教师评价这样描绘："我们的目的，不只是评定结果（无论是阶段的还是终结的），也不只是对事实的认识和解释，而是旨在通过评价，发现改革过程的问题、经验和教师达到的不同水平，形成新的课堂教学过程结构的抽象；我们的目的还不只是停留在过程认识的形成和完善，而且想通过评价促进教师的自我反思和我们自身对研究的反思。这是一种研究者、实践者与评价者合一式的评价，是一种面对改革着的实践十分综合和复杂的评价。它需要形成的不只是一种评价工具，而是一系列服务于上述目标实现的评价系统，它只能靠我们在改革的过程中逐渐探索和创造。"[1] 能否实现促进教师专业发展的功能，问题的关键不仅是评价内容结构上的合理化，更重要的是用什么样的方式使用这种功能，是通过鉴别还是通过研究，教师专业发展的特性决定了对教师的评价也需要过程性和人文性，课堂评价需要与引领教师发展的研究模式结合起来才真正是有利于教师专业发展的课堂评价。研究、教学与评价一体化的过程应该是发展性教师评价的核心，在这样的模式体系中，能够提供给教师的是：

1. 研究思路与方式

在研究、教学、评价一体化的机制中，评价者、被评者同时扮演着研究者的身份，共同的研究活动可以在课堂教学的准备阶段就开始了，共同研究学生、研究课程内容、研究教学方案，教师在这样的过程中获得的是一种研究思路，一个扩大了的视野，而评价者在这样的过程中才能真正了解课堂的背景，教师的基础、能力，他的优势与缺失。

2. 情境化的点评与反思

技术性的课堂评价的问题核心不在于评价的技术本身，而是使用者依赖技术的客观性与科学性，用一种笼而统之的标准和尺度去衡量每一个具体的课堂。一体化的评价中，评价者并不是对照某种标准，确定教师课堂表现的对错好坏，而是尽可能地收集课堂中的信息，作为与教师共同讨论、反思的依据，课堂上教师的选择是各种情境要素之间的博弈，取舍选择的合理性是具体的，难以有绝对的标准，评价者的点评与教师反思活动的互动中，具有深刻的思想活动与认识跃迁。

---

[1] 叶澜，吴亚萍. 改革课堂教学与课堂教学评价改革. 教育研究，2003（8）.

3. 教师发展个性化的、持续的信息

在评价与研究、教学相结合的过程中，需要评价者与被评价者教师长期的合作，评价者获得的是教师成长历程的信息，评价可以是形成性的，也可以是个体内差异的，这种不基于管理目的的评价过程，也才能真正产生管理的效应。

三、课堂学习研究模式中的旨在研究的评价：功能与启示

1. 课堂学习研究：一种研教评一体的教师专业发展模式

课堂学习研究，是指对一堂课的教学内容来集体备课、教学观摩、协同工作、进行系统反思达到更有效的教与学的教师专业发展过程，其最终目的是让学生进行更有效的学习。它是行动研究的一种形式，教师既是教育者又是研究者，通过行动进行反思，通过反思进行更有效的教学。它又是协作学习的一种方式，通过教师的共同备课、课前课后会议交流及观课、评课等协同工作，达到共同提高的目的。课堂学习研究在不同国家和不同地区有不同的表现。在日本，课堂学习研究活动有五十多年的历史。日本的课堂学习研究活动称为"授业研究"，它"是发生在课堂活动范围内的合作研究"[①]。在日本，教师把专业发展和教学技能的进步视为终生的追求。他们认为亲身经历、自我研究、同事的批判和自我反思是专业化过程的重要组成部分。教师按科目、年级分成不同的小组准备一个"研究课"。每组定期开会，仔细讨论该研究课的学习内容，确立它的重点，以及分析这些重点是否能反映学生的学习困难，然后，针对难点来设计教学，并由其中一位教师施教。整个过程大约持续一个月到一年不等。最后，教师通过研讨会或刊物，与其他学校的教师分享研讨会的成果。许多日本的教育实践已经被西方的教育者注意，并尝试在美国和其他国家应用的可能性。美国有学者通过研究日本、德国、美国教师的教学录像[②]，从三个国度教师专业发展的不同角度，系统地介绍了日本课堂学习研究对教师专业发展的作用以及这种模式在美国应用的可能性，近年来美国有许多州的教育学者加入了类似课堂学习研究的行动研究计划。香港的课堂学习研究是近十年兴起的，它源于对香港世纪之交基础教育改革的实践与思考。它参照了日本的授业研究模式，也借用了内地的教研实

---

① M Matoba. *Lesson Study: International Perspective on Policy and Practice*. 北京：教育科学出版社，2006：1—2.

② James W Stigler & James Hiebert. *The Teaching Gap*. The Free Press. 1999：112—115.

践，并以变易理论作为实施课堂学习研究的理论框架，经过多个研究课的实践，逐步形成一个有系统地开展课堂学习研究的模式。[1]

　　在课堂学习研究中，研究问题的确定是启动和指引研究工作的开始，问题可以是一般性的问题，如如何激发学生学习数学的兴趣，也可以是具体的问题，如如何改善学生对异分母分数加法的理解，通常来源于教师们教学实践和学生学习中存在的问题；集体备课是在学习目标的选择后，教师们在查阅有关此课相关资料的基础上，力图在具体的课堂情境实践中验证某些观点。研究课的目标不仅是设计一堂好课，还要懂得课堂实践促进学生理解学习内容的原因和方式。初始教案确定后通常在学校教员会上征求反馈，然后作出修改，为实施做准备；课程实施的时候，除授课教师以外，研究组其他成员放下自己的教学工作，到教学现场进行观察听课。当学生们被要求进行自己思考、讨论、研究和学习时，听课教师要四处走动，观察学生们的学习情况并细致地记录。有时还需要进行录像；授课结束后，研究组教师随即组织开会，通常授课教师首先发言，概括自己的授课情况和存在的问题。然后其他教师针对授课各个板块中存在的问题作出评价。这种评价的焦点是课堂教学，而不是针对授课教师。因为本节课是集体工作的结果，教师评价的过程就是对他们自己工作的评价，是一种对教学活动的自我改善过程；建立在观察和反思基础上，研究组教师根据在课程实施过程中显示的学生们针对某个问题存在的误解，修正课程方案。这种修正可能是学习材料的变换、活动的改变、提问问题的加工等。一旦修正课程方案确定后，这节课会在另一个不同的班级实施。可以是前一次课的教师继续授课，但通常是研究组的另外一名教师来授课，不同之处是这一次全校教师都被邀请参加研究课。本次课结束后，学校的教师都被邀请参加交流，对研究课的进行情况进行评估反思，有时还邀请校外专家。就如前面进行的程序，授课教师首先发言，阐述研究组试图达成的目标，评价本次课的成功之处和需要重新思考的部分，其他听课教师对研究课进行分析和提出建议。但针对研究课的评价和分析要尊重学生们的学习成果，还要尊重指导研究课设计的价值假设和在这种假设下的研究设计。最后的成果分享有几种不同的方式，一种是研究组写一个研究报告，陈述研究组工作过程中的故事，有时以书的形式出版，供学校教师、校长，甚至教育领域的政策制定者来看。另一种成果分享的方式是在修正课程方案课实施的时候，邀请其他学校的教师来观课。

---

[1] James W Stigler & James Hiebert. *The Teaching Gap*. The Free Press，1999：112—115.

2. 课堂学习研究对评价的启示

评价的功能最终是为了促进教师的专业发展，可是这种促进功能的发挥要建立在一定的实践基础上并且要有针对性地提出问题。因为每位教师在实践中存在的问题是不同的。课堂学习研究的启动能够对这个问题作出回答。

课堂学习研究作为教师发展的一种协作模式，一般由问题探索、设计课程、实地教学、评估成效、重写教案、再次试教、评核反思以至最终分享成果几个步骤组成。在这个过程中，教师始终是参与到其中的。对于这样一个持续一定时间的研究过程，从评价角度看，能给我们如下启示：

（1）平常的心态，用长远的眼光看待评价。所有的参与者，不论是研究者、实践者还是评价者，都要用一颗平常心来看待活动的全过程。每一次评价，它的功能是指示性的，不具有终结性价值。每一个课堂学习研究过程都是秉持着这样一个价值假设：教学质量的改进是一个持续不断的、渐变的发展过程。对一节课的研究要经历几次反复的研讨、设计、重新实施。所以评价的意义就在于它对每个环节的不断修正，指引课堂学习研究的发展不断走向理想境地。

（2）评价的目标回归学生的发展。课堂学习研究中的评价有一个最重要的维度就是学生学习绩效的增加，并不是给教师下一个好中差的结论，所有的参与者关注的是学生的学业水平和课堂表现，教师的表现被看做实现学生发展的过程与手段，这样的评价可以尽量免除一些形式上的、细枝末节的问题。

（3）评价的焦点定位为教的工作而非教师本人。课堂研究过程是一个团体的协作过程，它的成效最终取决于团体中全体教师的不断努力。虽然每个研究课最终都要由一名教师来实施，教师的个人能力很重要，但课堂学习研究的持续不断改进还是取决于研究团队的长期努力和他们对方法问题反思设计，而不是取决于某个优秀教师的个人之力。教师们要针对教学工作中潜在的因素作出剖析，而不要把评估过程变成针对某位教师个人能力的鉴别过程。

（4）评价是针对具体的课堂情境。每一堂研究课都发生在具体的课堂情境之中，特定的学生、特定的教师和特定的课程。因此评价要避免一个问题，就是"拿来主义"——用别人的标准衡量自己的事情。抽象的标准总是冰冷的，具体的课堂则是丰富多彩的，在具体的课堂学习环境中，评价针对课堂中出现的问题作出具体详细的价值判断。

（5）教师成为评价的主体之一。促进课堂学习研究发展的因素很多：学生、家长、行政管理者等,但教师是发展的主要力量。教师们在作研究课的过程中,共同确定问题、共同设计课程、一起实施、观摩、共同反思。他们是课堂教学的亲历者、体验者,他们最了解学生的需要和现实中存在的问题,他们对问题的评价是重要的角度。

3. 课堂学习研究对教师专业发展的引领价值

课堂学习研究作为一种团队工作,以学生发展目标和教师专业发展作为工作目的,在一定周期内,通过团体成员的集体努力,确定研究问题、设计课程、实地教学、评估反思、重新设计等几个环节,不断完善每堂研究课的设计与实施。课堂学习研究,作为教师专业发展的一种形式和一部分,使参加研究的教师都能得到不同程度的专业发展。

(1)对未来的期望。每一位教师心底都有一幅美好的期望那就是成为一名优秀的教师,这个愿望在他们的职业生涯初期尤为明显,因此他们总是希望通过各种形式的培训使自己的专业得到发展。课堂学习研究的启动,能够有效地保存并延续这种期望。课堂学习研究使教师专业发展纳入一种规范的形式中,并成为教师参与研究的最大动力。

(2)集体的力量。课堂学习研究是一种团队的工作,又是一种协作学习的方式。团队的每一名成员在共同目标的推动下,能够分工协作,集思广益,从而使课堂学习研究的质量不断提升。例如在香港做的研究课中,每堂课的周期要进行3—4个月,这其中涉及大量的工作,包括在多种课程资源中选定学习内容、对学生作出前测、运用变易学习理论识别学习内容的关键属性、设计课程、实施观摩、收集分析数据等,这些工作都不是一人之力所能完成的。因此课堂学习研究是借集体之力完成个人发展的一种很好的途径。教师正是通过这样一种方式,进行自己专业发展的过程。

(3)反思的智慧。通过课堂学习研究,教师们必须走出简单重复已有经验行为的授课状态,他们开始对自己的授课和学生的学习结果进行反思。其他教师对自己在实践中出现问题的反馈和对其他教师教学行为的观察,总能对教师自己的习惯有所触动,并对问题作出思考。反思自己实践中出现的问题,使教师不断由他律走向自律,在实践中有意识地认识和调节自己的教学行为,形成了强烈的专业发展意识。反思的作用就在于它能使教师对自己习以为常的做法产生一个重新认识的过程,从而在思考和交流的过程中建构更有效的思维方式和解决问题的方法。

(4)交流与合作。课堂学习研究使教师们走出了各自的"城堡",对大家的共同劳动成果进行系统反思,在交流的过程中,教师们对同一问题的不同看法，会对教师视域的拓展大有裨益。教师们对同一问题不同深度的认识，也会让不同教师有不同的惊喜。教师们正是同在共同语境下的对话，针对自己感受身受的案例进行探讨、反思、修正，不断提高自己的专业水平。

四、课堂评价：从管理走向研究

发展性评价理念的提出使评价功能的关注点回到了教师发展这一根本问题，但是在发展性理念的关照下，究竟怎样建立评价体系可以有相当不同的做法。或者扩大评价的主体，使教师、同行、校长、学生都参与到评价活动中来，或者增加评价的频率，或者关注课堂上的生成性要素等。在这样一个评价变革中，评价仍然是为管理服务的，或者说仍然是为了评职称、涨工资、发奖金做一个工作水平的鉴别，仍然跳不出技术性课堂评价的悖论。计划、组织、实施、评价这是典型的 20 世纪上半叶盛极一时的管理主义工作流程，其主旨是通过加强控制追求工作效率的最大化，其人性假设是人的行为可以通过监督、约束或者是利益驱动而改变。20 世纪中叶以后的各种社会思潮都在从不同角度批判、校正着这种对人的管理方式，何况教师工作是需要付出智慧和热情的，每一位教师的工作是学生成长过程链条中的一个环节，但是每位教师的工作又是独立完成的，因此，教师工作态度及工作能力的根本改变需要更多民主的、人格的、专业的领导方式，教师需要在一个被尊重的文化氛围中成长，并为了赢得更大成就付出努力。如果教师的工作质量被以某一堂课为代表区分为好、中、差，或者是一、二、三等奖，只会造成一个高度敏感或者过度竞争的心态。既然课堂评价的目的澄清为发展教师的专业素养、实现高质量的课堂，评价就需要在一套新的机制中运行，这个机制不是指向管理，而是研究课堂学习研究模式给我们一个借鉴性的框架。评价活动融入教学研究活动中，评价者与任课教师有共同的计划与行动，这是一个教师专业发展的框架，一个提升课堂品质的框架，评价活动只不过是其中一项服务性的步骤。当然学校的正常有序运营，需要管理活动，事实上，在一个研究性的评价框架中管理的功能也会自然显现，教师之间能力、水平的差别会在研究、讨论、授课的过程中更加清楚地展现出来。只不过这种展现伴随着专业的指导和相互沟通，会使教师更信服周围的评价，在引领胜于监督中，真正实现教师专业发展，实现课堂评价的最终意义。

第二编

教师课程发展实践探索

——以"品德与生活"、"品德与社会"课程发展为例

小学"品德与社会"教材的比较与分析[①]

教材作为一种文化资本，传递和复制着社会文化，同时也受其规范和制约。"品德与社会"教材是对《品德与社会课课程标准》的具体化，是依据品德与社会课程的性质、理念、设计思路，以及课程目标、内容标准的要求编写的教学用书，它既涉及教学内容和教学方法的选择，也指导教学评价和实现教育目标的教学过程。在本论文中，笔者将通过对北京师范大学出版社"品德与社会"教材、中国人民教育出版社"品德与社会"与日本东京学籍出版社"新社会"教材以比较的视角从多方面进行考察分析，希望能借鉴历史和国外的先进经验理论，对我国小学品德与社会课教材的开发有一定的建设性价值。

一、中日教材的分析

我们在众多的教材中选取了我国人民教育出版社"品德与社会"（简称中国版）与日本东京学籍出版社"新社会"教材（简称日本版）进行比较分析。

（一）中国版小学"品德与社会"教材分析

1. 编制的依据

21世纪中国新的教育观：面向21世纪，要注重培养学生个性及主动参与、乐于探究、搜集和处理信息的能力、分析和解决问题的能力、创新能力以及交流和合作能力。

"品德与社会"教材的编制是在"面向儿童、生活、社会"的新教材观的指导下进行的。《基础教育改革纲要》指出："教材改革应有利于引导学生利用已有的知识和经验，主动探究知识的发生与发展，同时也应有利于教师

[①] 本论文发表于《现代中小学教育》2007年第11期，作者为硕士研究生陈晔。

创造性地进行教学。教学内容应符合课程标准的要求，体现学生身心发展特点，反映社会、政治、经济、科技的发展需求；教材内容的主旨应多样、生动，有利于学生探究，并提出观察、试验、操作、调查、讨论的建议。"同时《品德与社会课课程标准》具体提出了"教材的编写应以课程标准为依据；要体现综合课程的特点，要整合各相关学科的知识内容；要注意从学生生活和社会实际切入，要开展体验、探究和交流讨论等多种形式学习；要精选教材内容；教材内容要适合儿童的审美习惯和接受能力，有利于激发学生的学习兴趣和学习愿望"等要求。

2. 中国版"品德与社会"教材的特点

（1）强调在儿童生活基础上的综合性、开放性、现实性、发展性。综合性即努力实现各门学科知识的整合与融合，既有对生活、对社会的认识，又有对道德的思考。同时也体现了多重目标的综合，即使学生在情感、态度、价值观、能力、知识等方面获得发展。开放性表现在教材内容设计注意适当延伸到课堂以外，联系学生、家庭、社区的实际；展现出不同的学习视角和问题视角，问题讨论多为开放是不追求统一的或唯一的结论，为学生留有了选择、开拓、创新的余地。发展性是按照学生生活的逻辑和儿童认知的逻辑，而不是学科的逻辑来设计和编写教材。以儿童的现实生活为基本线索，重视学生目前的生活经验，着重选择了与儿童生活关系密切的且儿童乐于学习的内容，体现了教材的现实性和发展性。

（2）突出了"体验感悟"、"探究"、"研讨"、"活动"、"研究性"等学习方式。一方面儿童通过自己的体验感受世界和认识世界，感受到的东西才有利于理解，特别是引导学生进行多角度的体验，使他们学会换位思考，学会待人做事多元观的基础。另一方面通过设计情景和活动以及语言提示，引导学生学会观察帮助学生生成问题，通过涉及问题研讨活动以及具有启发性问题等引导他们认识事物，通过提供相关知识、常识等为学生开展研究性学习提供帮助和指导。

（3）教材的呈现形式活泼、多样，图文并茂，语言更加贴近儿童化。新教材语言文字符号相对减少，视觉符号增多，主要采用了一些图片、照片展示社会生活、社会现象以及学生的生活、学习的各种场景等。教材从儿童的视角出发，设置了多个卡通小主人公，运用儿童的语言，以喜闻乐见的形式，充分发挥图画、照片等对儿童的视觉冲击，增强教材的趣味性、可读性和启发性。

（4）教材内容的叙述也呈现出了多种形式。可以说兼有事项罗列型、举例叙述说明性、语文教材性等多种形式，兼有标题文字、主题文字、旁白文字、对话框文字、资料性文字等多种文字形式。

（5）教材内容根据"品德与社会"内容标准的六个主题（我在成长、我与家庭、我与学校、我的家乡、我是中国人、走进世界）编制，而且每个内容又不是完全封闭的，内容之间体现了一定的渗透性和交融性的特点。

（6）在教材内容的选择上，尤其重视了对学生行为习惯、社会公德等情感价值观的纠正与引导，而且渗透了许多社会主义公民教育、爱国主义的内容，充分表现了我国德育的总目标。

（二）日本版"新社会"教材分析

1. 编制的依据

最新的《日本小学校学习指导纲要》指出："小学校的基本目标就是要谋求学生掌握作为个人、作为国家社会的一员要进行社会生活所必需的知识、技能、态度基础，同时，在培养学生丰富人性的同时，还应通过与自然、与社会、与文化、与人等各种各样对象的交往，培养自己良好的个性品质和自立心。"社会课的教育目标则是：谋求对社会生活的理解，培养对日本国土和历史的理解和热爱，培养能适应国际社会，作为民主的、和平的国家和社会建设者所必需的公民基本素养。

2. "新社会"教材特点

（1）教材的内容是依据《学习纲要》确立的。编排上遵循了儿童的认知规律，内容由易到难、由浅到深、由远及近，呈同心圆的形式。从三年级至六年级依次为：我生活的地方——我的县——我国各地人们的生活——我们的国土——我国的工农业生产与环境——我国的历史——我国的政治——世界中的历史。

（2）教材内容具有基础性、代表性、综合性。这版教材充分实现了《学习纲要》中"教授的内容必须是以后的学习、生活中必要的最低限度的基础的、基本的知识，应选择在校外活动和将来社会活动时需掌握的适当内容，还应避免一些单纯知识传授性的和易陷入死记硬背的内容"的要求。

代表性即是在选择内容上，多以当今日本社会最常见、最具有代表性的事物和现象展现给学生。例如，在四年级上"为了健康安全生活"一单元中，教材选择了"垃圾同我们的居住生活"一主题，从这一简单的生活现象来探究垃圾的处理及环保等一系列问题。

教材内容的综合性是日本教材最让人欣赏的，这种综合性绝不是各个学科的简单拼凑，而是真正意义上的融合。一方面，教材中以地理和历史为主的知识学习虽然在某个学习年龄阶段有所偏重，但地理、历史考察基本贯穿了全部年级，而且内容丰富、系统，不仅包含了知识的学习，更多的是使用地图、制作地图、读表、制表、调查、访谈等学习能力的内容；另一方面社会课虽不是按照地理和历史学科体系设计的，却是以地理和历史的视角和思维方法，从时间、空间上对综合主题展开学习的，而且随年级循序渐进，螺旋上升。①

（3）教材内容组织上大多采用问题解决型的编排方式，而且呈现给学生多样化的学习方式。教材多是出现四位小主人公根据提出的问题开展解决问题的过程，教材中非常重视学生亲自去体验，而且对过程和探究方法（包括有计划的调查、合作、访谈、讨论、学习、制作、总结汇报以及情感情绪）的每一步都有细致的指导和提示，方便学生和老师实践与操作。

（4）教材中版面设计非常精彩，画面生动活泼，色彩明快，语言具有趣味性和真实性。教材中的图形符号选择同语言符号一样重要。这套教材中的画面非常有特色，大多采用真实的照片，反映了学生在学习、探究过程中的点点滴滴，对于调查的材料也多是用真实的照片给学生以视觉的感悟，教材中整版的文字、知识点也多是从画面中引出的。如每个单元的导入，大多以生动的、真实的照片或图画集中提示了该单元的主要学习内容，同时借画面引出问题，吸引学生进行下一步探究。

（5）教材对于一些学生难于理解的内容，致力于将抽象的内容具体化，采用范例式学习（案例学习）适合了学生的认知水平，并能够让他们感悟到教材中的内容正是他们身边真实的情况。

二、中日小学"品德与社会"教材比较

（一）教材内容知识点的数量、系统性、深度、广度比较

从知识点的数量、系统性和深度上来讲，中国版的"品德与社会"教材因为是原有两门学科的综合，所以所列的单元表面上看起来较日本版的"新社会"的数量为多，但深究起来涉及的知识点以及深度上却都较日本版的"新社会"有些偏浅，总体感觉两套教材在内容呈现上是将学生所能接触到的一些生活、社会现象、场景简单地"复制"到教材上，多是关于某一主题众多方面的罗列，而且在"品德与社会"中基本找不到知识点连续的影子，只能点点滴滴找到知识的片断，知识的系统性上较日本版"新社会"略显不足。

---

① 沈小敏. 日本小学社会科的特点及教学方法. 山东教育：增刊，2002（1）.

（二）教材内容对知识与技能、过程与方法、情感三者综合性的比较

中国版"品德与社会"教材处处体现了情感、价值观的教育与熏陶（兼带对研究方法提出了一些建议），对于所列举的生活、社会事件多从道德教育的视角去观察、分析，相比之下略显淡化了知识、技能那一面，忽略了对于知识本身的社会建构，具体表现在教材中知识内容内在联系不严密，知识被片断化。在教材中我们只能星星点点地找到知识点，看不到有一定体系的知识，而且这星星点点的知识点，在内容上也略显有些表面化、肤浅化，以至于让人多少感觉"品德与社会"课程更像是一门单纯的道德课程。

相比之下日本版"新社会"教材更加重视的是知识和技能、过程与方法的培养，同时也兼顾了学生良好行为习惯和优良品质的养成，教材多从地理、历史、经济、政治、价值观等多视角、多维度剖析生活、社会现象，培养学生多角度、多视角看问题、解决问题以及应对未来多变的世界的能力，可以说日本版"新社会"教材基本上找到了知识与技能、过程与方法、情感三者的平衡点。

（三）教材内容的组织

中国版的"品德与社会"坚持了现代化的教学理念，体现了"以人为本"的教育思想，注意发展丰富儿童的内心世界和主体人格。首先在单元的导入上通过设计一些围绕着单元学习内容的问题，引起学生的兴趣，从而导入学习，教材内容通过主人公的一系列探究活动，最终解决问题，这就是问题解决学习。日本早在 20 世纪 50 年代的社会课就是基于问题解决（学习）构建的，日本版"新社会"中也主要使用了问题解决（学习）型，只是为适应当代社会略有改良。但中国版"品德与社会"与日本版《新社会》教材在问题导入及总结上有着明显的区别："品德与社会"导入的问题都直接以文字的形式出现，而日本版"新社会"则都从大型画面，大多数是从真实的照片中提出问题来导入。而在最终问题解决的成果总结上，中国的教材大多设计出总结报告的空表，让学生自行填写，而日本的教材则会以数位主人公的名义，列出几份总结报告或成果供学生参考。

（四）教材内容的呈现形式、教学、学习方法

中国版的"品德与社会"的内容呈现形式是非常丰富的，包括儿童的对话、图片及图片的说明、资料框、瞭望台、故事与思考等，同时也对开展调查、访谈、体验、合作研究、小组讨论等学习研究方式的使用给出了建议。北师大版的教材将教学方式以明线的形式呈现出来，而人教版的教材则以暗

线的形式将活动和学习研究方法与具体的单元内容整合成一体。

日本版"新社会"的内容呈现形式给人最大的印象是大量图片，特别是真实照片的使用，这不仅包括城市的照片、古迹的照片、历史的照片、公众活动的照片，还包括学生每一步的活动过程以及进行调查、采访的照片（还有被采访人的照片），给我的感觉是只要有真实照片的，决不会去用图画。而且日本版"新社会"教材在对某个社会现象进行描述分析时，喜欢用真实的官方数据以图表的方式予以呈现，这些无疑都增加了学生对于教材的信任度，培养了学生做事以事实为根据的行为习惯和实证精神；在学习方法上日本版"新社会"具体入微地介绍了各种学习研究方法，包括具体访谈提纲制作方法、调查的步骤、调查需走的路径，甚至访谈时的注意事项都给予了一一罗列，具有实践可操作性但也略显复杂，有些挤占学生的创造、发挥空间，过多的信息同时也不利于学生对于正文中主要信息的关注；同时教材中大量的图片和文字都在鼓励和要求学生亲身到生活和社会现场去体验、去感悟，去获取第一手的直接经验，在这一点上学生不仅增加了对于教材上知识的可信度而且对于培养学生尊重事实，以事实为依据分析问题，解决问题的能力是非常有益的。

三、分析比较后的反思

在对我国与日本版教材进行比较分析之后，感到我国小学"品德与社会"教材应在充分考虑我国国情的基础上，借鉴他国的经验，并从以下几方面加以完善。

（一）教材应更好地处理好道德与社会性教育的关系

依据目前中国的国情，将"思想品德"和"社会"两者整合，将道德教育的目标落实到具体的社会行为上的课程设置和整合的方式，可以认为是一门具有中国特色的课程。① 因此我认为处理好两者的关系非常重要，事关社会课改革的成败，让两者相互渗透、相互融合，关键在于寻找到知识与技能、情感三个教育目标在教材上的平衡点。

（二）教材应精选具有代表性、基础性的内容，同时应注意加强主题的深度而不是数量

我国"品德与社会"教材中提出了许多问题，设计了许多主题，却让人

---

① 郭雯霞. 试析小学综合文科课程教材的编制与开发. 课程·教材·教法，2004（6）.

感觉内容有些肤浅,没有连续性、发展性、有些"眼花缭乱",特别是一些主题单元大多从某一个视角看问题,没有从多元的角度、思维方式考察问题。日本教材内容的选择非常注意能够结合日本的传统与现代,体现日本特色的内容。例如,在日本产业的介绍中,教材选择了日本传统陶瓷产业进行了介绍。在了解日本产业的同时,培养了学生热爱日本历史、传统的情感,这是我国"品德与社会"教材建设中应该借鉴的地方。

(三)采用能够感染学生的呈现方式

在教材内容的呈现上,通过问题方式的设计,确实能够激发学生的探究意识和好奇心,给学生留下一定的探究空间,但如果像现在中国教材这样设计的问题过多,又不免另一个问题就是由于设计了不少的问号、省略号的句式,导致教材多少带有图文并茂的、问题集式的儿童读物之嫌。假如学生带着众多的问号离开学校,这便是中国教育的悲哀!

在教材内容的呈现方式上,我们应多选择一些真实的资料、数据和照片,通过感染学生来培养他们的实证精神,从小学生做起,促进"诚信社会"的发展。

(四)教材应引导学生进行真正意义上的体验式的、探究式的学习方式

探究式学习方式不应该和整体的教材内容及教学过程相割裂,不应只是某种具体的活动形式,而应该是贯穿于整个教学过程中的一种思路,是渗透在整个教材中的灵魂。而且我们也需要呈现合理的结论以文章化的形式展现出来,也要注意单元间或某项活动的可持续性发展,使教育具有实效性。

(五)提高教材内容的可操作性

新课程要求教师用教材教而不是教教材,我认为这在目前来讲可以说是一种理想化。就拿品德与社会课来说,课程需要教师拥有历史、地理、经济、政治、道德、常识等多门学科的综合知识,以目前的师资水平来看,这样的人已经很难求了,再要求他们用一本需要自行发挥、设计、创新、可操作性不强的教材来教,就更难了。在日本的师范学院中专门有培养社会课教师的本科专业,即便是这样,日本的教材仍然编制得非常细,可操作性、实践性都很强。我国应充分考虑目前教师专业化水平还不高的国情,循序渐进,在夯实基础的前提下谋求长远发展。

班主任兼任"品德与生活"学科教师利弊分析及实施建议[①]

"品德与生活"是我国在世纪之交全面启动新一轮基础教育课程改革之际设立的一门活动型的综合课程,它实现了经验性课程与学科性课程的整合,有利于小学生的社会性发展与健全人格的养成。但是,由于目前该学科教师课程实施的经验不足,再加上历史因素和传统观念的影响,这门新课程在部分学校和教师中难以得到良好的认同,有的学校"品德与生活"课教师未能被给予与其他学科(主要是语文、数学、外语)教师平等的地位,甚至个别学校以师资不足为借口,根本不实施该课程。这些情况在很大程度上影响了该课程实施的水平。

当下,我国缺少"品德与生活"专职教师,该学科教师多数为班主任兼任,在师范院校也没有开设相应的课程内容。许多学者认为,这种混乱的师资来源是影响品德与生活学科有效实施的重要原因。但笔者认为,在当前情况下,班主任兼任品德与生活课教师,不仅可以提高品德与生活课的实效性,体现"回归生活"的课程理念,还可以推进班主任工作,具有很大的现实意义。

一、班主任兼任"品德与生活"学科教师的优势所在

(一)建立课程与生活的互构联系,提升课程的有效性

1. 班主任熟悉儿童、熟悉儿童的生活,课程"回归"生活成为可能

新课程标准明确提出"品德与生活"课程以回归生活为基本取向。从道德与生活的关系来看,道德内化于生活,道德的整个存在和本质,都是由生活规定的。鲁洁教授曾说:"要在生活中学习生活,学习道德。"[②] 生活为道

---

① 本论文发表于《现代中小学教育》2007 年第 10 期。
② 鲁洁. 道德教育的当代论域. 北京:人民出版社,2005:300.

德提供了生存的条件，使德育变得色彩斑斓。班主任作为班级生活的管理者，熟悉儿童，熟悉班级生活，更有将德育课程融入学校生活、班级生活中的优势。实践证明，在实际情境中展开的教学是提高德育实效、淡化教育痕迹的重要手段。一位班主任发现本班学生娇惯、唯我独尊的习惯比较明显，于是在"品德与生活"课上确立了一个具体的"帮助自己快乐别人"的主题，把学生的日常表现编成了一个个小故事，让学生在课堂上讨论、判断这些行为的好坏，并让同学们制作了爱心卡，在上面写上班级中同学们是怎样互相帮助的。教师将孩子们的作品贴在墙上，成为班级文化建设的一个景观。这个主题单元的选择以及实施过程源于班主任对学生生活困扰的了解。

2. 班主任是班级生活中的元素，课程的话题在班级生活中延续

涂尔干（Durkheim，2001）指出："当一个人按照课程规定把整个道德压缩成几节道德课，并在一周之内用比较短的间隔来不断重复这几节课的时候，他很难完成这项工作，因为这种间歇性的课程特点几乎不足以给儿童留下任何深刻或持久的印记，而没有这些印记，儿童就不能从道德文化中获得任何东西。"① 可以说德育是一个生活过程，它不可能在时间上被切断，空间上被隔绝，而班级生活正是品德与生活课在时间和空间上的延续。生活德育的目标指向的不只是知识性的德性，而且是"知、情、意、行"构成的包括道德内容的德性，这种"知、情、意、行"的教育是整个的、统一的。② 这种整体性的德育需要德行的确认并践行于实际生活中，是生活实践中具体可感的，生活为德行提供了契机和检验标准。

3. 班主任可以调动家长，扩大德育空间

德育不仅在儿童的学校生活中，而且在儿童的家庭生活中。由于品德与生活学科的开放性、生成性的特点，以及学校教师时间和精力有限，教师的影响力受到约束，而班主任可以发挥自己在家长中的影响力，争取家长配合，扩大教育空间。例如像"美丽的春天"这种体验类的单元中，一位班主任请家长参与，协助班主任老师带全班同学去公园寻找春天。之后，在家长的监督下，孩子们认真写了日记，填写了调查报告，任务完成得非常好。

（二）有利于班主任对班级工作的管理

生活是德育的基础，是德育的意义之源，同时，德育又能提升生活的意义，对生活起积极的推动和促进作用。品德与生活教材中生动、鲜活的场景

---

① 涂尔干. 道德教育. 陈光金，等译. 上海：上海人民出版社，2001：123.
② 陶行知. 陶行知全集：第4卷. 成都：四川教育出版社，2005：460.

和贴近儿童生活的活动为班主任管理班级提供了丰富的素材和多方面线索。班主任若能把品德与生活课带到班级管理中，可以起到事半功倍的效果。有一位班主任是这样做的：在一个"花钱的学问"的单元中，班主任将这个单元与班级中学生随便花钱、浪费粮食等现象结合，开展了"做一天家的主人"，"一元钱的价值"，"给家长打一天工"等活动，孩子们在活动中体验到了赚钱的辛苦，而且乐此不疲。结果班级的浪费现象明显减少，家长的反馈很好。

（三）提高课程资源的利用价值

1. 充分利用教师这一重要的课程资源

教师不仅决定课程资源的鉴别开发、积累和利用，是素材性课程资源的重要载体，而且教师本身就是课程实施的首要的基本的条件资源。在当前品德与生活课师资不足的情况下，班主任能够将自己对学生个体和课程内容的理解转变为一种动力融入课程中，凸显课程改革的新理念，"教师即课程"。同时班主任的"言传身教"也是道德教育很好的结合点，这种榜样示范作用能够在学生身上发生"静悄悄的革命"。同时，相对于专职"品生"课的教师，班主任的工作能力和责任心更强，能在与学生的双向或多向行动中实现能力的统整。同时班主任兼任品德与生活教师，可以解决师资不足的问题，缓解教师力量不足给学校带来的压力，减少学校的开支。

2. 有效借用"熟人空间"这一特别的课程资源

从社会学的角度讲，班集体是一个"熟人空间"。在这个空间里，学生与老师、学生与学生之间以情感为联系纽带，直接由道德来调节。"熟人空间"有一种自在的德育作用。① 从社会心理的角度看，"熟人社会"提供了人们履行道德规范的动力，对儿童的心理，他们非常注重自我在他人心中的形象，为了得到荣誉，他们不得不约束自己的道德行为，也正是这种熟人空间，起到了潜在的监督作用。在班主任管理下，这种空间保持和谐、融洽的氛围对德育的有效实施提供良好的环境，提高课程资源的使用价值。

（四）有利于学生的个性化发展

加德纳认为，每个人的九种智能中，没有与生俱来的强项。小学生正处于各种潜能的发展期，班主任可以通过观察学生的日常行为表现和学业成绩，发现个体差异，从而使用有针对性的教学策略，并提供更多的机会来发展学生的智能。同时可以利用这些差异作用于教育过程中，求得教育过程的

---

① 高德胜. 生活德育论. 北京：人民出版社，2005.

优化。例如在"你真棒"这样的帮助学生发现彼此优点的主题单元中,教师将班级中每名学生的不同优点和特长,如写字工整、英语口语好、会跳舞等,以谜语的方式做成小卡片,然后让学生说出他的名字,并邀请学生上台表演。在这次活动中,教师在每个孩子身上找到了教学的切入点,强化了自我认识,促进了学生的个性发展。

当然,我们在肯定班主任兼任"品生"课教师的同时,也有必要对其存在的或可能出现的问题进行分析,以提供全面、深刻的认识。

二、影响班主任发挥课程功能的因素

在实际中发现,兼任"品德与生活"的班主任多为语文教师。语文、数学、外语在学校中常常被认为是主要的核心课程,这样教师同时扮演语文教师、班主任、品生教师多种角色,在分配时间、精力等问题时也会出现矛盾,表现如下:

1. "品生"课不参与高厉害评价,兼课教师的责任感不强

教师的责任感不仅表现在对教育本身负责,即在规定的时间内完成教学任务,还表现为关注学生的发展,积极开发学生的潜能。由于传统的考试观念与品生综合性的教学内容和开放式的评价方式发生了矛盾,使部分任课教师认为这是一门可有可无,依教学进度可增可减、随意取消和被占用的课程。这实际上亵渎了教师的责任,必然导致教学中的不尽职。

2. 班主任工作量增加,教师投入时间有限

兼课教师的工作量自然多于单一学科的教师,他们要担任自己原有学科的教学,要做班主任,同时兼任"品德与生活"课教师,自然工作任务繁重,头绪繁多,班主任在沉重的工作压力下,会感到力不从心,缺乏时间和精力,对教学过程缺少必要的预设,势必影响教学效果。

3. 班主任把课程等同于日常德育过程,课程理解不够,教学缺乏专业的设计

教师对课程的理解决定着自己在课程实施中的方向,包括实施方法的选择以及具体的教学设计等,这些都影响课程功能的发挥。班主任对"品生"课程的理解成为该课程教学效果好坏的关键问题。"品生"课作为一门新开设的课程,许多教师对其课程性质认识不清,从而将"品生"课程等同于日常的德育过程,将该课程的教学简单化。由于准备不充分,缺少专业设计,"品生"课在实施中可能会受影响。

三、班主任兼任"品生"课的实施建议

1. 明确课程责任，树立正确的角色意识

教师的角色意识是指教师对自身角色地位、相应角色行为规范及其角色扮演的认识、理解与体验。班主任的角色意识不仅影响自身专业发展，同时还影响儿童的成长与发展。班主任兼任"品生"课，其角色内涵十分丰富，具有多元性和多变性。他们既是班级的组织者、管理者，又是课程的建构者和学生的朋友。为了更好地实践课程，班主任要抛弃权威意识，成为学生学习的合作者、生活的引导者和情感的对话者，使自己成为班级中的一员，拉近与学生的距离。班主任的意义空间也不再限于课堂上，它贯穿于整个学校生活中。

2. 发挥班主任优势，充分利用各种课程资源

由课堂到班级的课程环境的转变，不仅拓展了班主任角色的发展空间，也需要班主任转变传统的课程资源观，充分利用各种有形资源和无形资源。正确的课程资源观不仅要求班主任要重视课程资源的应有价值，还应该认识到课程资源无处不在，无时不有。教科书是重要但不是唯一的课程资源。作为课程资源开发的主力军，教师要认识到自身的领导和组织地位，对教材内容进行深入分析，积极建构，并把自己形成的独特理解作为一种资源传递给学生。同时从班级、学校的实际情况出发，在课程实施过程中，班主任尤其要重视利用儿童自身的兴趣、经验和活动中的发现、体验等作为活动的资源。

3. 加强教师之间的合作，实现资源智慧共享

近年来，加强教师、同事之间的合作，得到了国内外教师的广泛关注。由于"品生"课的学科特点，对教师专业知识提出了较高要求，它不仅需要教师具有深厚的人文素养，更具有对课程、教材的研究和实践能力，因此合作十分必要。而且，教师们在轻松、和谐的团队氛围中，容易打破狭隘的、孤立的个人空间，实现智慧的融通。

4. 学校建立支持机制，提高教师工作效率

任何一项工作任务都不是孤立完成的，都需要多种因素的参与和支持。学校领导要充分考虑班主任工作的繁重，制定适当的教学计划，合理分配教学任务，才能保证班主任有充分的时间备课。如开展"一个年级一个教案，一位老师一个单元"的备课形式，以整合力量，适当减少工作任务。同时对工作成绩显著的班主任给予津贴补助，提高其工作的积极性，形成良好的学校文化氛围。

主题单元设计之一：变异理论视角下 "我的邻里关系"设计[①]

第一部分 主题单元设计的理论基础

一、变异学习理论

1. 对变异学习理论的一般介绍

变异学习理论（theory of variation）是由瑞典歌德堡大学学者马顿（Ference Marton）领导的一个研究小组提出的，他们发展了一种名为"现象图式学"（phenomenography）的研究理论，主要探索及描述人们对于世界上的某个特定现象或属性如何作出理解、体验和思考。通过大量的研究，他们得出的主要结论是：从本质上说，人们常会以不同的方式理解同一现象，但严格来说，这些不同的理解方式是有限的。

现象图式学认为，学习是"一种个体与世界的内在的关系"。学校的教学目的是为学生如何面对不断复杂化的未来社会作准备，这样学习的最重要形式是使学生能够以不同的方式看待某个学习对象。马顿进一步指出，学习意味着发展学生看待事物（对象）的一种方式，而这种方式的建立是基于学习对象关键特点（critical aspects）的分辨（discernment）及对这些特点的同时聚焦。正是由于变异，我们能够体验与分辨学习对象的关键方面。当不同的变异出现在同一时段时，它们使学习者认识到学习对象的不同方面。

根据变异学习理论，变异是有效分辨的必要条件，而分辨是学习的必要条件。如果没有变异，世界上的许多概念就没有意义或不存在。例如，假如世界上只有一种颜色，那么颜色的概念就没有意义。

[①] 这项研究完成于 2006 年 11 月，长春市南关区教师进修学校、长春市西五小学给予了大力支持，由作者及硕士研究生赵同友执笔，部分内容发表在《上海教育科研》2008 年第 3 期。

2. 变异学习理论的要素

变异学习理论的重要要素，包括"对学习的看法"、"学习内容"（object of learning）、"关键特征"（critical aspects）、"辨识"（discernment）及"变异"（variation）。（卢敏玲，2005）

根据我们对诸多材料的总结，概括出变异学习理论的要素如下：

（1）学习观

简单地说，变异学习理论指出，学习一定是指向某项要学的东西，即"学习的内容"。此概念源于布伦塔诺（Brentano，1874）的"意向性"（intentionality）原则。在意向性的原则下，所有精神活动均是指向某事物的，而这也是精神现象中值得关注的特征。而学习的意义在于对同一学习内容，学习前后应产生不同的理解。学校中妨碍学生掌握学习内容的，主要原因并非他们缺乏能力，而是他们对学习内容持有不全面的观点。这种情况出现的原因包括：

① 学生本身对事物即有直观认知，可能成为他们重新认识事物的障碍，因为两者存在抵触；

② 学生没有聚焦于所学事物的关键特征；

③ 学生没有可以帮助他们学习这一事物的经验。

（2）学习内容

变异学习理论相信学习内容是特定体系的内容，而体系是有其逻辑结构和思维特点的。变异学习理论正是从学生学习的事物出发，分析其在学科中的地位和其他要素的联系，正确处理学习内容，促进学生对内容的全面认识和他们的共通能力。

（3）行为者

行为者包括学习者和教授者即教师。变异学习理论相信，学生作为学习者，只有与学习内容的直接接触，才能取得对事物的直观、深刻的认识。教师的角色在于作为学生学习的引导者，指引学生辨识事物的关键特性和本质。教师是位于学生与知识之外的，而不是作为知识的转加工者和学生知识的来源。

3. 变异学习的三个不同层面的变异

基于变异学习理论，卢敏玲等做的课堂学习研究发展出三个不同层面的变异：

第一层面的变异：学生对学习内容的不同见解带出的变异，它强调教师必须从学生的不同理解出发，找出学生学习的难点，并针对性地处理。

第二层面的变异：教师对学习内容的不同见解及处理方式引发的变异。

第三层面的变异：利用适切的变异作为指导教学设计的工具。

4. 变异学习理论的实施条件

① 学生与学习内容的直接接触；

② 了解学生对知识的基础为起点；

③ 变异空间的营造，要让学生体验到事物的"基值"和"基值"变化后造成的反差，在这样的一个空间里为体验变异提供前提；

④ 学生体验变异；

⑤ 关键特征的同时聚焦。

从以上对变异学习理论的论述，我认为变异学习理论就是以事物或现象呈现的原初状态为"基值"，通过不同形式变换"基值"，使学习者认识事物多方面属性或现象本质的一种理论。其中"基值"意指一种判断标准或参考值。

5. 变异学习理论在课程设计上的研究与应用现状

变异学习理论的运用由来已久，只是人们在运用中的叫法有差别。内地称为变式教学，香港称为变易教学。在本研究中，笔者统一采用变异学习理论的叫法。"异"体现变后之不同，为营造学习的变异空间之需。而"易"仍是变的含义。

（1）在数学学习领域的研究与运用

变式教学在内地运用由来已久，被广大教师自觉或不自觉地运用，其中也不乏经验性的教学研究。正是在这个基础上，顾泠沅（1981）对变式教学进行了系统而深入的研究，主要的研究领域是数学学习领域，这也是该理论运用最广的领域。有从提高教学效率角度运用变式教学的，如"加强变式教学，提高课堂教学效率"；有从提问的角度运用变式教学的，如"把提出问题融入变式教学中"；还有对变式教学应注意的问题提出看法的等等不一而足，但基本都是经验性的总结。顾泠沅在《学会教学》中率先对变式教学加以研究，并取得了丰硕的成果。

在经验与实验的基础上，在数学领域，对变式理论作了如下发展：

① 概念性变式——对概念的多角度理解，包括通过直观或具体的变式引入概念，通过非标准变式突出概念的本质属性，通过非概念变式明确概念的外延；

② 过程性变式——数学活动的有层次推进，包括用于概念的形成过程，用于问题解决的教学，用于构建特定的经验系统。

概念性变式的创设是为了让学生多角度地理解概念，由具体到抽象，由特殊到一般，排除背景干扰，突出本质属性和外延特征等。有利于学生真正理解概念的本质属性，进而建立起新概念与已有概念的本质联系。

过程性变式的利用，可以帮助学生体验新知识是如何从已有知识逐渐演变或发展而来的，从而理解知识的来龙去脉，形成一个知识网络。将这种有层次推进的变式用于概念的形成、问题解决和构建活动经验系统，可以帮助学生融会贯通、优化知识结构。于是，前后知识之间便建立了合理的本质联系。

关于如何判断学生是否真正理解新知识？一个有效的手段是给学生提供一组相关知识的变式问题让学生去解决。如果学生能解决这些问题，说明他们是真正理解了所学的知识，而且这个知识已经融入了他们已有的知识结构中。因此，变式问题作为一种评估工具，可为教师提供学生数学学习结果的反馈。

（2）香港教育学院的研究与运用

香港教育学院卢敏玲等通过对变异理论的应用，以照顾学生个别差异为视角，以课堂学习研究为基础，经过三年的系统研究，在国语、英语和常识等学科取得了很大成绩。

他们重视对学习内容的处理，认为妨碍学生掌握学习内容的主要原因，并非学生缺乏能力，也非教师策略的安排，而是由于他们对学习内容持有不全面的观点，出现这种情况有以下几方面原因：

① 某些学生本身对事物既有的直观认识，可能成为他们重新审视事物的障碍，因为两者存在抵触；

② 某些学生未把注意力集中于所学事物的关键特征/属性；

③ 某些学生没有接触过适当的，可以帮助他们学习这类事物的学习经验。

因此在教师精心的教学设计中，以学生现有认识为基础，引导学生自行审慎地辨识事物关键特征并构建意义就成为教学的关键。他们运用变异学习理论作为指导教学设计的工具，谨慎地选择有价值的学习内容，在前测的基础上了解学生在学习上出现困难的关键属性，鉴别学生在理解上有什么差异，然后运用适当的变异图式，设计学习经验来帮助学生聚集于关键属性。其图式如下：

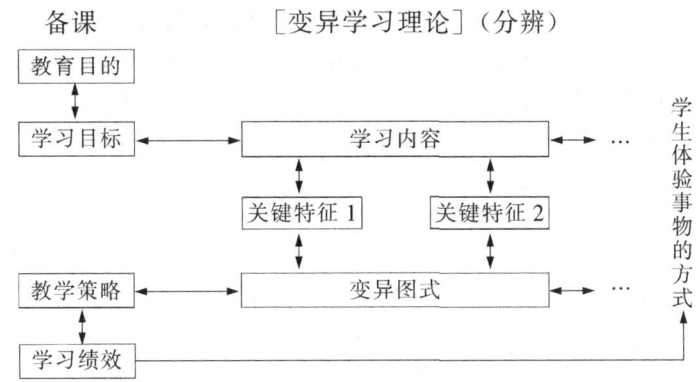

课堂设计的几个重要阶段与变异理论在改善教与学方面的贡献

二、柯尔伯格道德发展阶段理论

1. 道德发展阶段论

柯尔伯格（Keerbage）提出儿童道德发展的三个水平、六个阶段，包括前习俗水平的服从与惩罚的道德定型阶段和相对功利主义道德定型阶段，习俗水平的人际和谐道德定向阶段和维护权威或秩序的道德定向阶段，后习俗水平的社会契约道德定向阶段和普遍原则道德定向阶段。

柯尔伯格进一步研究发现儿童道德发展具有如下特点：

① 每个人的道德发展都经历这几个阶段，但发展速度有快有慢；

② 各发展阶段具有质的差别和不变的顺序，不能跨越任何一个发展阶段；

③ 道德发展与逻辑思维发展有关，即道德推理发展阶段不能超越逻辑思维发展阶段；

④ 道德发展与不同社会环境的刺激及儿童与环境交往有关；

⑤ 道德认知发展与道德行为有一定的关系，即成熟的道德判断是道德行为的一个必要条件，但不是充分条件。

2. 道德发展阶段论在学校道德教育上的应用

柯尔伯格不仅研究道德发展的理论问题，还强调把他的研究运用到教育实践中去，认为道德教育不能采用行为主义的机械教育，也不能采用成熟主义的放任自流，主张根据儿童的年龄特点，创设儿童不断与道德问题相接触的环境，编制道德两难故事，接触学校和社会中的两难问题。引起儿童的道德认知冲突，通过讨论的方式解决认知冲突，促进儿童道德发展。提出的道德教育目标是一步步促进儿童道德发展，使儿童获得更高级的推理能力，并运用到新的情境中去，在日常行为中践行更高级的推理能力，去认识、处理遇到的各种道德问题。为了实现上述目标，他在道德教育实践中设计提出了道德教育的Ⅰ型模式（道德两难问题讨论模式，针对低道德教育目标）和Ⅱ型模式（"公正团体模式"，针对更高的教育目标）。

（1）道德两难问题讨论法

柯尔伯格认为道德原则是不能直接教给学生的。学校道德教育的主要任务是通过抓住道德问题促进学生道德认知发展，关键是要让儿童面对道德上的两难问题，引起儿童道德认知上的冲突，产生失衡，使他们对自己目前的思维方式产生不满，并寻求一种更完整、更高级的道德思维方式。主张激发儿童内在的动机，而不失依靠外在的权威向儿童灌输道德观念。

柯尔伯格提出三种类型的道德两难问题：

① 假设的问题。这类问题不是以事实为根据，而是以假想的情境提出问题。这类问题的价值是学生个人没有牵涉或卷入到这类问题中，因而很乐意公开地讨论并概括出其中的原则。

② 以内容为主的问题。这类问题以某一学科中的资料为依据，如美国总统杜鲁门决定向日本广岛投掷原子弹的问题，是依据美国历史的题材。这类问题的优点是可以引出超越时空的道德问题。

③ 真实的或超越实际的问题。这是日常生活中经常发生的，也是涉及情感的问题，如"学生考试该不该作弊"，"我是否应该告诉老师朋友在考试中作弊"，这类问题由于紧密联系学生实际，学生很感兴趣。

这三类道德两难问题各有其优点，教师可以根据实际情况，灵活设计运用。柯尔伯格认为，不管运用哪一类问题，教师都必须掌握好提问的技巧，以引起学生的认知冲突。

（2）"公正团体"法

道德两难问题讨论法可以促使学生的道德认知向更高阶段发展。然而，柯尔伯格指出，道德问题并非通过讨论在课堂内就结束了，道德问题与整个社会、社区的氛围有关，像偷窃、破坏等问题很难在课堂内解决，因此，柯尔伯格提出要在全校范围内营造一种民主的气氛对此加以改变。从1974年开始，柯尔伯格和其同事在马萨诸塞州的剑桥中学建立了"校中校"，进行了以民主管理为核心的"公众团体"法的道德教育实验。

通过道德两难故事可以看出，柯尔伯格注重让儿童在社会环境中接触道德问题，从多角度认识问题（如海因滋偷药），促进儿童道德成熟。同时注重与社会生活的联系，运用"公正团体"法，让学生在管理中体验，不断修正道德认知。这与我们目前新课程中开设的品德与社会课程倡导的理念有颇多相似之处。

三、课程设计的相关理论

课程设计时课程研究中一个常用的术语,其含义是指按一定的教育观念和价值取向,对学校课程的整体结构以及一门课程的各构成要素进行的规划与安排。① 课程设计的基本因素包括课程目标、课程内容、学习活动、评价和其他的一些如学习材料、时间空间、分组等要素。

1. 课程设计的实施观

课程专家富兰(M.Fullan)、庞弗雷特(A.Pomfret)和利思伍德(K.A.Leithwood)等人根据北美课程改革的实际情况,概括了三种课程设计实施取向:得过且过取向,改编或适应取向,忠实或精确取向。由于人们对课程实施有不同的理解,由此产生课程实施研究的不同取向。辛德(Snyder)等在1992年对课程实施问题的研究综述了三种不同的课程实施观。

第一种是课程实施的忠实观。这种研究取向假定期望的课程改革结果是忠于原计划的,课程改革的评价就是确定课程设计预期的结果是否达到。

第二种是课程实施的互动调适观。这种取向是将课程实施看做一个连续的动态过程。互动调适是一个由课程设计者和执行课程的人共同对课程进行调适的过程。

第三种是课程的参与制定观。这种研究取向认为课程并不是在实施前就固定下来的,课程实施过程也是制定课程的一部分,课程是由教师和学生共同参与的教育实践的结果。

这三种课程实施观比较全面地反映了实践中出现的各种课程实施观,但在实际的操作中没有完全绝对的实施取向,往往是三种不同取向在不同的内容、不同的情境中彼此互动实施的。

2. 影响课程设计的因素

(1)影响课程设计的内在制约因素

对于影响课程设计的内在因素,人们的认识是高度一致的,学生、社会需求以及系统的学科体系是课程设计要考虑的核心。只是在具体表述上,由于人们的课程价值取向不同,意见表述不一致。泰勒对影响课程目标的三个来源的表述使用了工学模式中的还原法,固然清晰,但这种清晰是观点表述上的清晰,具体操作的时候,三个来源不会自动重新整合。而杜威在《儿童

---

① 马云鹏. 课程与教学论. 北京:中央广播电视大学出版社,2005:50.

与课程》中从没有把这三个来源单独列出来，逐一探讨，他认为："儿童与课程仅是教育历程的两极，而在两点之间可有一直线。儿童目前的程度或立足点及学科中的事实及真理便可决定教学法了。教学是连续不断的重组，由儿童现有经验延展到组织的真理，即各学科所代表的经验中。"[1]（杜威，1990）

（2）影响课程设计的外在制约因素

影响课程设计的决策因素有很多，克拉克（Clark R. W.）总结了十种因素：公众、政治领袖、课本出版商、考试中介、传媒、大专院校人员、教育专业团体、中央政府部门、教师团体、个别教师（Clark，R. W，1998）。我们本次研究主要由大专院校专家、学校教研员和教师团队组成，是影响课程设计的主要外在因素，同时包括其他的如考试中介等间接因素的影响。

3. 课程设计的层面

根据课程设计承担的任务与产生的结果，我们通常在三个层次上使用课程设计这一概念，即宏观层面的课程设计、中观层面的课程设计和微观层面的课程设计。

宏观的课程设计承担着确立课程设计的基本价值取向，并从整体上勾勒不同学段的课程结构的任务。中观层面课程设计是在宏观层面课程设计确定的基本理念、基本价值取向的指导下，对构成一门课的基本要素，如课程目标、课程内容、学习活动、评价程序，还有学习材料、时间、空间和环境、分组教学的策略等进行组织和安排，并保持各要素之间的一致性，从而形成一门课程的课程标准。微观的课程设计使教师在实施已有课程时，根据教学目的、学生现有水平、课程资源等实际情况对已有课程材料进行重新设计，以利于教学。微观的课程设计类似于日益受到重视的教学设计。我们本次研究主要是在微观层面上，在既定课程标准的指导下，和教研员、任课教师之间平等合作，对课堂层面的课程进行设计，提升课程设计品质，发展教师课程设计能力，提高教学实效。

四、品德与社会课程的基本特征与设计特征

（一）品德与社会课程性质与基本理念

品德与社会课程是小学中高年级开设的一门以儿童社会生活为基础，促进学生良好品德形成和社会性发展的综合课程。（《品德与社会课程标准》，2005）

品德与社会课程的基本理念如下：

---

[1] ［美］杜威. 儿童与课程. 林宝山，康春枝译. 台北：五南图书出版公司，1990.

1. 帮助学生参与社会、学习做人是课程的核心

课程要关注每一个儿童的成长，发展儿童丰富的内心世界和主体人格，体现以育人为本的现代教育价值取向，培养他们对生活的积极态度和参与社会的能力，成为有爱心、有责任心、有良好行为习惯和个性品质的人。

2. 儿童的生活是课程的基础

儿童的品德和社会性源于他们对生活的认识、体验和感悟，儿童的现实生活对其品德的形成和社会性发展具有特殊的价值。教育的内容和形式必须贴近儿童的生活，反映儿童的需要，让他们从自己的世界出发，用自己的眼睛观察世界，用自己的心理感受世界，用自己的方式研究世界。课程以儿童的生活为基础，但并不是儿童生活的简单翻版，课程的意义在于对儿童生活的引导，用经过生活锤炼的有意义的教育内容教育儿童。

3. 教育的基础性和有效性是课程的追求

儿童期是品德与社会性发展的启蒙阶段，教育必须从他们发展的现实和可能出发。同时，有效的教育必须采用儿童乐于和适于接受的生动活泼的方式，帮助他们解决现实生活中的问题，为他们今后人格的和谐发展与完善奠定基础。

（二）课程设计思路

品德与社会课以儿童的社会生活为基础，家庭、学校、家乡（社区）、祖国、世界是他们生活的不同领域；社会环境、社会活动、社会关系等是存在于这些领域中的几个主要因素。儿童品德与社会性发展是在逐步扩大的生活领域中，通过与各种社会要素的交互作用而实现的。

品德与社会课程设计的思路是：一条主线，点面结合，综合交叉，螺旋上升。"一条主线"即以儿童社会生活为主线；"点面结合"的"面"是儿童逐步扩大的生活领域，"点"是社会生活的几个主要因素，在面上选点，组织教学内容；"综合交叉，螺旋上升"指的是某一教学内容所包含的生活要素是综合的，涉及的社会领域也不是单一的，可以交叉；同样的教学内容在后续年段可以重复出现，但要求提高，螺旋上升。

第二部分　个案研究部分

一、主题单元的选定与分析

变异学习理论视角下的主题单元内容的选择，需要与学生的生活实际相联系，要建立在学生深刻体验的基础上，同时在学习后应能给学生以更多的体验，提升多元的认识视角，培养学生对实际生活中遇到复杂问题进行初步解决的能力，选择一种有道德的生活方式。这是我们运用变异学习理论对《品德与社会》课进行主题单元设计的初衷。

（一）确定主题单元

对于确定什么主题单元为课程设计的对象，课题组的教师们意见不一。有的教师建议以交通的主题单元为研究对象，但大家考虑到交通规则和标识的固定性，并不太适合变异学习理论，许多教师又提出了其他的建议。最后在大家的商讨中，四年级的一位班主任老师提到班级中有两名学生是邻居，因为两家妈妈闹矛盾，因此他们在班级也不说话。大家感到这是一个很好的话题。便初步决定以"我的邻里关系"为主题单元作为研究对象。选择这个单元是基于以下考虑：

"我的邻里关系"这样的主题单元，首先是贴近儿童的生活。他们从出生到目前为止，除了家庭和学校生活外，社区也是他们接触和活动的空间。平时邻里之间发生的各种事情都会在儿童心里留下不同的情感体验，这些体验直接影响他们对人际的看法和道德观的形成。成人后也会面对处理邻里关系这样的问题。积极的邻里关系有利于儿童建立健康的人生观，而邻里关系中出现的多样琐碎的问题，如果加以正确的引导，也有利于培养儿童解决生活中实际问题的能力。其次，这一主题单元的选择也是基于邻里关系的性质。教材中宣扬的理念常常是"远亲不如近邻"，可根据我们的经验和学生访谈，现实生活中的邻里关系要远远复杂得多。在多态势的邻里生活中，正适用于运用变异学习理论，对邻里生活进行立体透视，展现生活复杂性的一面。帮助儿童多角度地认识生活，加深对生活的认识。

（二）对不同版本教材中相关主题单元的分析

新一轮课程改革国家对课程采用"一标多本"的管理政策。在同一课程标准的指导下，各地可根据本地区的实际情况自行设计符合地区发展的课程。

根据课程标准中学生不断扩大的生活领域和社会性发展需要，不同版本的教材在三年级上学期或下学期设计了"我生活的舞台"（人教版，三年级上册）、"生活中的你、我、他"（北师大版，三年级上册）、"我的邻里生活"（苏教版，三年级下册）等以学生社区生活或邻里关系为题材的主题单元。根据研究价值取向，我们对不同版本教材作如下分析：

人教版在"我生活的舞台"这一主题单元中开辟了"我生活的社区"一

课，课程设计以图文方式帮助学生了解社区基础设施及功用、社区生活和社区的历史变迁。顺承同一主题单元中学生家庭和学校生活，扩大学生对社会的认识，体现了一定的逻辑性。本研究认为在同一主题单元中设计三种学生生活的不同时空，过于拥挤和仓促。同时这样的课程设计也过于简单，特别是对社区生活设施的认识，这是学生们日常生活中非常熟悉的，很容易使他们陷入感觉无趣的境地，没有给学生呈现立体复杂的社区生活。

北师大版以"生活中的你、我、他"为主题，课程设计以和谐互助的邻里关系为理念，介绍邻里间相互关心和帮助的事例，同时介绍家庭环境中的矛盾和冲突。这样的课程设计以学生生活为基础，能够把体验建立在学生已有体验基础之上。但本研究认为课程设计缺少对问题解决方式方面的引导。

苏教版充分挖掘了学生社会性发展的空间，在"我的邻里关系"这一主题单元中，设立邻里伙伴交往、邻里关系相处与和谐邻里关系共建的分支主题。课程设计能够针对邻里关系中存在的各种时态的事件作正确引导。这样的设计对教师教学设计也提出了挑战，需要教师有针对性地提出一个选题做深入探讨，以点带面，帮助学生深入认识邻里关系的问题，提升认识问题的视角，构建积极健康的人生观。

新课程改革对课程设计的简练风格，对教师课程设计能力提出了很高的要求，这对传统上习惯于依赖教材和教学大纲进行设计课程的教师是有一定难度的。我们的研究一方面针对这个问题帮助教师提高课程设计能力，同时针对教材设计中存在的不足，以变异学习理论为视角，选择一个主题单元进行重点处理，帮助学生从日常生活琐事中提升对问题认识的深度，培养他们解决实际问题的能力，力图在单一价值体系中发展学生以某种价值为核心的多元价值体系，这对他们将来应对不断复杂化、多元化的文化融合趋向国际化的社会是有益处的。

（三）确定年级——不同年级学生眼中的邻里关系的作业分析

教材中的主题单元能够以生活化的眼光和一定的逻辑顺序阐释儿童眼中的邻里生活，课题组决定参照一部分教材内容，但需要进一步确定我们的研究对象对邻里关系的看法。这个问题我们是通过家庭作业形式在三年级、四年级和六年级进行的。通过题目为"我的邻里关系"这样一个开放性的问题让学生谈谈自己家邻里关系的故事，以及自己对这些事情的看法。在几个年级做的目的是为了了解不同年龄段孩子对邻里关系问题认识的阶段性水平，考察不同年龄段学生对同一问题的思想发展是否具有一定的规律性。确立主题单元实施的最佳年级。下面是从学生的作业中摘取的一些作业片段。

"我的邻里关系"作业分析

交往方式层面	事 件	特 征
没有交往	从来不来往，从来不联系	
	"我觉得我没有邻居，因为我没有认识的人，也不需要别人的帮助。我好孤独，我应该多认识一些邻居，如果有特殊情况，可以让别人帮助我。"（六年级）	对交往状况的不满足，渴望交往。
	"说到邻居这个词，我感到很陌生。每天，我早上上学的时候，可能会遇到一个邻居，我和他最多只是说：上学去呀？是的，那是刚买的菜呀？嗯，再见……我和邻居几乎每天都说这些，只是有一次我忘带钥匙了，楼上的大姐姐看我在门外站着，便问我：你怎么不进去呀？我忘带钥匙了，我家没人。那你到我家呆会吧！这样的小事你可能不觉得什么，但我深受感动，永远不会忘记。（四年级）	
	"我家没有邻居，因为我家住在别墅里。"（六年级）	没有邻居成为优越的身份标志。
儿童间的交往洞察	"今天是我奶奶的生日…我们准备吃蛋糕的时候，觉得蛋糕太大了，如果扔了就是浪费，如果放在家里时间太长了也是浪费，我们三个一起想办法，后来妈妈想出了一个办法，送给邻居一些，我们切成了三块，第一块给旁边的邻居，一块给楼下的邻居，一块给我最好的朋友曲阳，最后没有浪费，还分享了我奶奶的生日快乐。"（三年级）	没有关注到成人世界
	"王姐姐到我家里来玩，我给姐姐拿玩具，就开始玩，我当医生，姐姐当病人，我们玩得可开心了。我们就吃饭了，开始吃的时候，爸爸回来了，姐姐要走，我说，姐姐别走了，我们就睡觉了，我知道了，要团结互助，有困难要帮助，小朋友们知道吗?"（三年级）	
	"有一天，我在外面玩，邻居家的两个小朋友下来了，右手还拿出了一把水枪，我便也拿了一把水枪出去玩，后来，我打中了个人五次。"（四年级）	

续 表

交往方式层面	事 件	特 征
关注行为的相互影响	"我家住在一楼,一天早上,我在卫生间发现挂在墙上的纸湿了,是二楼往下流水,妈妈去邻居家问问原因,一会回来了,带着二楼的阿姨来看,她说不是他家流下来的水,是三楼流下来的水,我家也淌了很久,我们一起去找三楼的邻居,于是,妈妈又和阿姨去找三楼的邻居。查明原因后,三楼邻居及时修理,说对不起,以后我们大家要互相帮助做好邻居。"(三年级) "有一次邻居家的大狗冲了出来,把妈妈吓坏了,邻居从屋里拿着棍子冲了出来,使劲打狗,把狗打出了血还接着打,我妈妈发了善心,对我说:'儿子,你去教那人养狗方法,我对那人说了方法后,过了几个星期,邻居告诉我那狗听话多了。"(四年级) "前天,我在爸爸的自行车上不停地咳嗽,上楼的时候,邻居发现了,对爸爸说:这时候是流行感冒的高峰期,这孩子咳得厉害,快点去买药吧,爸爸应声答应,我想这个邻居是多么好心呀!我真希望有更多像这样的邻居。"(三年级)	没有过多留意人际交往的过程,更关注事情处理的结果。互相帮助的故事
关注如何处理问题、如何评价他人行为	"一天他家孩子忘关水管了,漏的我家满地都是水,我妈想跟他打仗,我爸回来了,劝我妈说咱们都是邻居,应该互相帮助,邻居搬走了,我妈很后悔。"(三年级) "夜深了,我正在睡觉,对面的孩子哇哇大哭起来,哭的我睡不着觉,我妈妈去找她……回来说是男的喝醉了,回家跟女的吵架,妈妈过去说说他们两个才和好。早上他们向我说对不起……我和妈妈成了他们的好朋友。得饶人处且饶人,善有善报,还有小朋友一定要懂礼貌,如果你看到别人在吵架,吵得别人睡不着觉,你一定要告诉他们。"(三年级) "十周四,我家楼上搬来了一对新婚夫妇,他们在装修车库时,由于种种原因,石粉喷到了近旁	看到了沟通的意义 看到了人际关系的复杂性 产生人际困惑

续表

交往方式层面	事 件	特 征
	的车上，我家的车也惨遭此难。我看了很生气，可是第二天早上他竟让工人主动将车洗干净了！我对他们的印象也改变了，生活中人们如果都这样，是否就可以减少不愉快了呢！"（四年级） "还有一件令我挺感动的，我家楼上住着一位老教授，他和我爷爷是同事，他喜欢花，于是便在楼前的花园里种了起来。我总去看，所以我们两个越来越熟。可是在一天中午，老爷爷中暑了被家人送到医院，结果不幸成了植物人。我去楼上看他，老奶奶说，他心里明白，只是嘴上说不出。我很难过，为了不打扰他，从两年前开始，我练钢琴时，都踩下中间踏板把声音降到最低。可由于每天都七点弹琴，可能还会使老爷爷休息不好，一次，我碰上了老奶奶，与她提起了这件事，老奶奶却笑着说：没关系，让他听你练琴，欣赏音乐没什么不好的。去年，老爷爷走了，我很伤心。每当看到门前的花园，就总能想起老爷爷。"（六年级） "我与楼下邻居的关系不是很好。因为练琴的事，他曾找上门来，但当时才七点啊！他们家每到半夜1点多就会吵架，很大声，影响了我们的正常生活。我对他家人都很反感。我家养的狗就是因为他们家总来找才送走的，可送走的第二天，他们就养了一条跟我养的一个品种的狗。非常讨厌。"（六年级） "前年六月，我们家楼下换成一对小夫妻，他们令我们全楼洞的人恨之入骨。有一次，我们家把大葱晾在外面，没料到，他们那两口居然在众目睽睽光天化日之下偷走了好几根，妈妈去和他们理论，他们却强词夺理说那葱是他们的，恨得我牙根痒痒，岂有此理！他们为了追求流行还整天放摇滚乐，吵得楼里的人不得安宁，一次楼下的金奶奶实在受不了了上来找他们，他们非但没有停止，还继续大放特放，又骂张奶奶老不死的。一个雨天，他们家的保险丝断了。雨很大，不能及时买，就向我家借，	

续　表

交往方式层面	事　件	特　征
	当时只有我一人在家,我要不要借他?小朋友们,如果是你,你会怎么办?"(三年级) "有一天,我不小心把邻居家放在外边的花盆踢破了,其实一个花盆也不值几个钱,可我害怕邻居阿姨会责怪我,就急忙逃跑了,可她家女儿恰巧看到了这一切,我又怕妈妈知道后打我,所以一个星期看见她家人就急忙躲开了。可是一个星期过去了,妈妈什么也没说,邻居阿姨还和以前一样和我打招呼,可我还是感觉不好意思,我要不要跟阿姨道歉呢?"(三年级)	
初步的社会视角、深层次交往的需要	"……小区……听说把人砸了,死了一个,受伤两个,被砸的人是我们小区的民工,有记者和电视台的人来采访,被人拦住了,不让他们进去采访。我想问一问为什么你们不能正规地施工,为什么错了还不承认,你要是正规施工,我们也高兴,你们也高兴,你这么做我们难受,你们也难受,你为什么不选择第一个做法呢?我非常想跟小区说这些话,希望小区能改。"(三年级) "我跟邻居们都不太熟,因为我或者是他们都不愿意出门,因为外面温度不定,穿的衣服也不定,所以我看不到他们,自然他们也看不到我,但是我可以听到他们的歌声(当然是光盘了),他们也可以听到我放的VCD了,有时候,还可以看到他们,他们送我VCD光盘,我也送他们,但是,我们的关系永远都是那么尴尬,没办法和解,所以我跟他们不熟。"(六年级)	

从作业中我们可以得到以下几点印象,首先是邻里事件的类型,虽然比较复杂,但主要集中在几类事上,包括漏水、养狗、噪声(弹琴)、扰民、互相关怀。其次,各个年级的学生社会成熟程度发展不均衡,同时又有明显的集中特征。

从以游戏为主到交往,进行理解和洞察的儿童式观察到初步表达一定的社会视角和深层次的交往需要初步成人视角的观察方式都存在着。能够在中年级看到一定的集中特征，他们普遍对邻里交往有一定的体验，能体会到沟通的积极意义，能够运用一定的道德规则评价他人的行为。同时对复杂的邻里关系和人际交往存在困惑，特别是在一些两难事件面前表现的不知该如何正确处理问题。

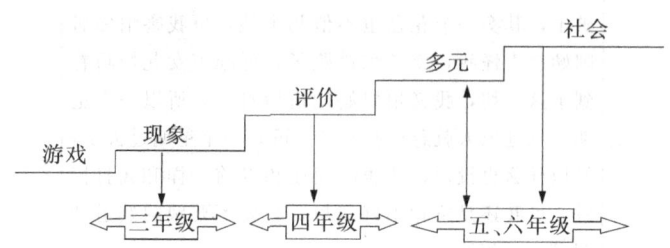

我们认为邻里关系不可能在普遍意义上表达一种深层的、深刻的人际交往，它更多地表现在对公民素养问题的培养。但对孩子人生观和道德观的形成具有非常重要的作用，学生在邻里关系中形成的经验影响着他们的人生观。三、四年级的孩子对邻里关系问题有一定认识，能对事件进行简单的评价，这说明他们已经对人际交往有了一定的体验并运用相关道德原则来评价人的社会行为。同时他们对人际交往也存在着很多困惑。五、六年级已经是青春期的前奏，他们能够把握复杂的邻里关系，能够从多元的角度看待矛盾，已经初步具有社会的公共利益的意识，同时他们渴望深层次的人际交往和沟通，更关注同学间的交往。

从作业中可以看出每个年级对应着不同的话题深度，话题有一定年级段对应，课题组对本主体单元目标的定位是：现代城市生活中人的紧张忙碌，生活的丰富，服务的完备，邻里交往的需求递减是一种必然现象，但一定程度上的邻里交往会持续存在并始终影响学生的生活，对学生的教化就不仅是"远亲不如近邻"的价值观灌输，而是透过邻里关系的故事，透视社会生活的复杂性，从多角度的立场思考怎样处事，学会从不同角度审视人际交往中的矛盾。

因此考虑到学生社会问题认识水平的现实发展状况，以及课题组对话题的难度定位，课题组决定主题单元还是在三、四年级进行更适合一些。这样，上课的时候会给学生预留出更多的思考余地，使他们能够在认识的最近发展区发挥潜力。

二、主题单元的实施过程

(一) 第一次课 (第一阶段): 学生眼中邻里关系的初步考察

在确定主题研究单元后,课题组决定在三年级和四年级各上一次实验课。上课前老师布置了一项作业,要求学生在一张表格上写出自己家与邻居的交往故事,故事包括两个主题:和谐与冲突。三年级是在三年六班进行的,四年级是在四年一班进行的。课上教师让学生按作业中写出的邻里事件分组,与学生谈话、讨论,初步了解学生对邻里关系的态度和价值倾向。实验课在两个班级中表现出一些共同的倾向,邻里事件主要表现在以下几个方面:漏水、互相帮助、失火、养狗、噪声。其中漏水事件在邻里关系中发生比较频繁,在两个班级这个小组中的学生最多,是引起邻里关系矛盾的主要导火索。同学们在课上讨论得非常热烈,最后话题集中到了漏水问题上。其中一个同学提到家里有一次被楼上漏的水淹了,妈妈去楼上敲门,邻居却故意不开门,结果导致了争执。有的同学认为不开门可以理解,因为惹了祸心中是很担心的,或许正在想办法解决,避免正面冲突。有的同学认为应该主动道歉的。多数同学认为解决矛盾时双方态度都应该好一些。不应该在前去邻居家解决问题的时候大声敲门或言辞过于激烈。但三年级和四年级的学生在价值取向上还是表现出了一些差别。三年级的学生多数比较注重事情处理的结果,从结果推断事情处理是否得当。如一些同学认为漏水给别人造成损失,可以赔偿。但受损失的一方不能得理不饶人。四年级的学生在判断这个问题时表现出比较多的理智。多数学生认为要从事情发生的原因查起,处理事情要从多方面考虑。

课题组考虑到四年级学生思想更成熟一些,有利于变异学习理论的运用,所以决定在四年级做。同时感觉到学生们在应然的角度上谈话可能缺少体验,犹如柯尔伯格道德讨论中的价值无涉故事,学生可以在价值体系的框架内谈论问题。所以课题组决定在下次课中让教师引导学生们做一次以漏水为主题的邻里关系的课。从儿童的视角出发,考察他们对漏水事件的理解。同时考察教师课程设计水平。

(二) 第二次课 (第二阶段): 围绕关键事件深入学习

1. 任课教师课程设计方案及实践

第一次课是在四年一班做的,班级有40人。方案设计以任课教师设计为主,课题组成员集体观课,观察教师对主题单元把握的程度。整个课堂设计如下：

第一，准备阶段。

教师导语：如果邻居之间出现了问题，如噪声、漏水，失火，应该怎么办？或者邻居之间很友好，怎样做，才能把这个氛围维持下去。学生回答如下：

(1) 如果楼上电视声音很大，我可以去敲门，让他们把声音关小点。

(2) 如果楼上漏水了，我去敲门好好讲道理，害怕引起吵架。

(3) 如果是自己的错误，主动向邻居道歉。

(4) 如果自己家失火，给邻居造成损失，要主动给邻居道歉，然后作出适当赔偿。

第二，正式进入教学。

教师：讨论完各种问题了，下面我们进入一个比较集中的问题。如果你家的房子由于邻居家漏水被淹了，你怎么处理。大家通过组内讨论然后用课本剧的形式表演出来。

(学生分组讨论准备表演，大约15分钟)

一共进行了四组表演，每组表演完均有评判过程。

第三，教师总结。

用幻灯片一点而过讲述了六尺巷的故事。然后总结邻里之间相处的规则，让学生大声读。最后用一句话总结：远亲不如近邻。（课程结束）

2. 课堂观察

从第一次课程设计来看，课堂安排得非常紧凑，以学生的活动为主。课堂的主体部分是学生的模仿表演。班级一共有六组，其中四组进行了表演。从整个单元的主要设计目标来看，是为了让学生认识邻里关系的多种时态，培养学生处理实际问题的能力，发展诚实的品质和友好的态度。在课程进行过程当中，我们发现孩子们的热情非常高，讨论的时候声音非常大。没有机会表演的两组同学表示很遗憾。活动过程如下：

	剧情介绍	解决办法	评 论
第一组	陈家女儿发现水管坏了，漏水，向爸爸求助。爸爸用钳子进行修理。楼下李家兄弟来敲门寻求事情解决办法。爸爸不敢开门。最后开门后争吵比较激烈。	陈家爸爸提议去找物业，陈家对门的邻居出来劝解。各自收拾残局。事情解决。	用道理说服解决，总结出邻里和睦相处的道理。

续 表

	剧情介绍	解决办法	评 论
第二组	温家父母不在家，孩子们在玩耍。其中一个孩子在用完水后忘记关水龙头了。楼下李家妈妈来大声敲门，吵得很凶。声称买的新房子被水泡了，要求巨额赔偿。温家哥哥道歉并说要给去擦，李家不饶，争吵持续不断，问题得不到解决。（是一种实际存在的问题）老师及时出来制止。	没有得到解决	继续吵下去扰民，使问题得不到解决。 这位同学认为李家应该谦让一点，让温家适当赔偿或去温家里收拾收拾。（老师认为比较好，鼓励） 李家妈妈说：应该得饶人处且饶人。 温家哥哥总结经验道，以后在生活中应该小心，类似水龙头什么的用完一定要及时关上。以免引起邻居间不必要的麻烦。
第三组	楼上李家的孩子由于着急看电视，在洗水果后就草草地把已有点漏水的水龙头用布包上了。楼下王家的儿子进厨房的时候发现楼上漏水了，就去楼上找。话语比较激烈。李家的孩子经提醒进厨房发现水龙头没关，马上关上。并撒谎说水龙头根本没开。	后来他们叫来修理工修水管道。李家付的修理费，王家让了一步。	1. 邻里之间都让了一步。表现在楼上找来修理工并付了修理费。楼下也没有继续计较下去。 2. 认为李家的一兄弟撒谎是不对的，但他及时采取措施把问题解决是可取的。 3. 李家撒谎的孩子反省道，撒谎是不对的。并会吸取教训并处理好邻里关系。李家老大说到，邻里之间应该是和睦相处的，因为小矛盾而打架是非常不可取的。 4. 王家妈妈认为自己不应该发这么大的火。但认为李家孩子撒谎是不对的。邻居之间应该好好相处。
第四组	李家兄弟发现自己家的房间被水浸湿了。去楼上王家大声砸门。王家解释他们也不知道漏水了。但实际上是他们发现漏水后担心邻居让其赔偿，特意把电视声音开得很大，装作没听见敲门声。	王家道歉，并说可以适当赔偿。	楼下态度粗暴。把矛盾激化了。老师予以引导，认为这样做确实不可取。 李家兄弟反思道，不应该态度不好，砸门。 王家孩子认为不应该看到漏水后由于惧怕不开门，还把电视声音放大，装作没听见。

从课堂上进行的四组表演可以发现孩子们对漏水这一事件的理解和处理方式。比如说漏水的原因，四组中有三组是因为忘记关水龙头导致的。在处理方式上，往往是受害者在开始的时候态度比较粗暴（砸门、争吵）。这种现象值得我们关注。或如郭元祥所说，学生以快乐原则为主，把演情景剧当游戏，变成了释放身心内部能量的过程。[1] 但也能看到多种解决问题的方式。比如道歉，帮助收拾残局，适当赔偿，找物业公司，找修理工，邻居出来劝解。课堂通过多个小组的表演，使同学们看到对同一事件不同的解决方法。同时对各种做法作出评价，阐述自己的看法。比如说大家都认识到，受害者去邻居家处理问题砸门是不对的。但部分同学认为开始礼貌地敲门邻居也不开门，那砸门就是可以理解的。造成事故的一方撒谎是不对的，扰民是不应该的。以后在生活中都应该多加注意，以免引起邻里间不必要的麻烦。

3. 后 测

为了测试教师日常状态课程设计及其教学效果，我们设计了问卷并要求学生不记名地说出自己最真实的想法。整个问卷如下：

（1）活动中你的感受如何？①深刻感受到邻里关系重要性；②邻里关系很复杂；③感觉好玩；④没什么感觉。

（2）邻里关系对你重要吗？①非常重要；②一般；③不重要；④感受不到。

（3）你感觉其他组对漏水事件的处理方式如何？①很好，可以解决问题；②戏剧性太强了，不符合生活实际；③还可以，有的方式可行；④没注意。

（4）现实中真正的生活与课堂中表演相符吗？①很符合；②部分符合；③不符合；④可笑。

（5）你向往什么样的邻里关系？①和谐；②有交往，保持一定距离；③各扫门前雪；④没想过。

（6）你知晓邻里关系的规则吗？①知道；②知道些；③不知道。

（7）能把你心中邻里关系的规则运用到你的生活中去吗？①能；②规则和实际是两回事；③有的能；④不能。

---

[1] 郭元祥. 生活与教育：回归生活世界的基础教育论纲. 武汉：华中师范大学出版社，2002：150—151.

问卷统计结果　　　　　　四年一班　（40人）

选项 问题	①		②		③		④	
	人数	百分比	人数	百分比	人数	百分比	人数	百分比
1	8	20%	10	25%	18	45%	4	10%
2	15	37.5%	16	40%	4	10%	5	12.5%
3	14	35%	8	20%	12	30%	6	15%
4	8	20%	19	47.5%	3	7.5%	10	25%
5	25	62.5%	10	25%	4	10%	1	2.5%
6	24	60%	16	40%	0	0	0	0
7	16	40%	12	30%	10	25%	2	5%

对于活动的感受，令我们惊讶的是45%的学生的答案是感觉好玩，这也验证了前面推测的快乐原则，砸门、大声吵闹有发泄的味道。可以看出教师设计的让学生在活动中体验生活情境的目的落空了。另外40%的学生感觉邻里关系不重要，这也许与现代生活邻里关系递减存在因果关系。在对同学处理问题方式上，大部分同学还是比较认可的，这一点在课上也可以看出来。学生对处理问题的方式是很多元的。从第五题中可以看出大部分同学都向往和谐的邻里关系，这也可以验证人性向善的倾向，这一点同时也是道德教育的基础。对于规则的认识，大部分同学还是比较自信的，他们相信自己很清楚邻里关系的规则或部分知晓，没有说自己不知道的。谈到认识（规则）与行为（生活）的关系，40%的同学认为自己的知行是能够做到一致的，但也有30%的同学反映出复杂生活的特性，规则是不一定适用的。另外课题组在课后诊断的会议上一致认为这次课的核心问题是各个小组轮番表演，对于学生来讲信息重复，流于形式，只是热热闹闹的课堂，而真正对问题的体验不深刻。

（三）变异学习理论指导下的主题单元设计

活动的目的是为了让孩子在原有生活经验基础上模仿生活情境，再现当时的情景，引起孩子的情感体验。但活动绝对不是目的，只是手段。整堂课以活动为主就失去了上课的目的重心。孩子觉得好玩，即使有了体验，也得不到进一步的升华。

课堂进行的总结部分，教师还是以传统课堂的方式结束的——道德规则的陈述来定义道德价值的方向。然后用单一的价值取向结束课堂——远亲不如近邻。这样的方式又化归了知识道德的教育方式，用外在的规则和灌输的方法进行生活和道德教育。

基于此，课题组决定用变异学习理论在第一节课的基础上重新设计课程，但起点还是通过处理问题的方式，一是因为学生比较熟悉，有情感体验，二是因为从处理问题的方式可以反映出学生对邻里关系的价值取向。通过不同处理方式的对比，让学生体验如何建构一种健康快乐的生活方式。

1. 设 计

课题组决定通过三个"胜利者胜利了吗？"，"公平解决"，"我很抱歉"主题为基调，以上节课中的二、三、四组成员为情景剧演职人员，重新设计情景剧。整个课程设计如下：

第一环节：回顾思考。

教师通过与学生共同回顾上次课的表演活动，针对同学们在处理问题时比较过激的行为，指引出这样的主题：其实人们在生活中处理问题大都是心平气和的，所以如此，是因为每个人都不愿意大声吵闹。因为那样做不利于问题的解决。当然我们也看到过过激的解决问题的方式，但那样做的后果是什么呢？如果问题得不到解决，你有其他的解决办法吗？引起同学的思考。

第二环节：变异设计后的情景剧体验。

通过对上次课的二、三、四组表演过情景剧的重新设计，以"胜利者胜利了吗？"，"公平解决"，"我很抱歉"三个主题为基调，让同学们深刻体会不同处理方式对人生活的影响。在这一环节中，利用变异图式中的对照图式、类合图式和融合图式，让同学们在同一时空中体会对同一事件不同处理方式的原因和结果。

小组	原事件		改编事件		表达主题
	事情经过	解决结果	事情经过	事件后生活	
第二组	温家父母不在家，孩子们在玩耍。其中一个孩子用完水后忘了关水龙头。楼下李家妈妈来大声敲门，吵得很凶。声称买的新房子被水泡了，要求巨额赔偿。温家哥哥道歉并说要给去擦。李家不饶。争吵持续不断。	问题没有得到解决	李家妈妈在自己家被楼上温家淹了之后，上门去吵得很凶，声称一定要大额赔偿，温家哥哥道歉并说可以给收拾一下，李家妈妈不依不饶。后来又找来自己的很多亲戚逼迫温家，温家最后没有办法，按照李家的要求做了赔偿。但心里很不舒服。	平时温家和李家的人总是能在小区里碰面，这很是让人尴尬。两家的孩子也按照家长的要求互相不说话。两家人都生活在敌意中，彼此心情都不好。	"胜利者胜利了吗？" 如何营造健康快乐的生活。

续 表

小组	原事件		改编事件		表达主题
	事情经过	解决结果	事情经过	事件后生活	
第三组	楼上李家的孩子由于着急看电视，在洗水果后就草草地把已经有点漏水的水龙头用布包上了。楼下王家的儿子进厨房的时候发现楼上漏水了。就去楼上找。话语比较激烈。李家的孩子经家人提醒进厨房发现水龙头没关，马上关上并撒谎说水龙头根本没开。	后来他们叫来修理工修水管道。李家付的修理费，王家让了一步。	楼上李家的孩子由于着急看电视，在洗完水果后就草草把已经有点漏水的水龙头用布包上了。楼下王家的儿子进厨房的时候发现楼上漏水了，就去楼上找。李家的孩子经家人提醒进厨房发现水龙头没关，马上关上并撒谎说水龙头根本没开。王家经调查后发现确是李家漏的水，但鉴于李家不承认，他们就找物业公司处理此事。后来在证据面前李家承认了自己的错误并作了适当的赔偿。	生活正常进行。	"公平解决"。（学会维护自己的正当权利）
第四组	李家兄弟发现自己家的房间被水浸湿了。去楼上王家大声砸门。王家解释到他们也不知道漏水了。但实际上是他们发现漏水后担心邻居让其赔偿，特意把电视声音开得很大，装作没听见敲门声。	王家道歉，并说明可以适当赔偿。	李家兄弟发现自己家的房间被水浸湿了。去楼上王家敲门寻找问题的原因。王家经查看，知道是自己的家人疏忽给李家早成了麻烦，急忙道歉，并到王家查看情况帮助收拾残局，主动提出赔偿。李家说没有什么大的损失，没关系的。	王家感到很歉意。后来两家成了非常好的邻居，互相帮助，相处非常融洽。	"我很抱歉。"邻里之间还是应该互相理解、互相包容和睦相处。

第三环节：讨论阶段，营造变异空间，聚焦学习内容关键特征。

通过同学们之间的相互讨论从每个情景剧中总结出自己在邻里关系中的处世原则，这个原则要有利于构建健康快乐的生活。但在不同的事件中，这些原则是不同的，要因势利导。

第一个情景剧的基调是要同学们合理解决邻里矛盾，过激的行为是解决不了问题的，这样的行为方式让大家生活在敌意中，不利于身心健康。

第二个情景剧的基调是要同学们通过对比，学会心平气和地处理问题。当矛盾双方不能解决问题时，可以通过合理的法律程序解决。

第三个情景剧的基调是要同学们知道，邻里关系的相处还是要相互谅解、相互包容的。

第四环节：专家说。

这一环节的设计方式是通过查阅资料或采访专业人士，向同学讲解生活中的一些知识。比如说，人长期生活在敌意中，会对人的身心产生哪些危害？邻里关系中有哪些法律知识，和谐的人际关系对人的健康有哪些好处等。

2. 变异设计后的课堂实践

（1）第一轮课堂实践

基于第一节实践课的设计不足和调查结果，课题组决定还是在四年一班做同样的实践课。以变异学习理论为基础的教学设计与第一节任课教师自行设计的课程设计的不同之处在于它能在学生体验的基础上，立体展现对同一事件的不同处理方式和这种处理方式的根源。终极目的是让学生们在深刻体验的基础上自己建构一种内在的情感体验和知识结构。

除了实施上述课程设计的环节外，教师重点引导学生冷静处理问题，用合理的方式解决漏水这一事件。在学生体验的基础上，在同一空间内引导学生同时体会情景剧中事件情节和处理方式之间的因果关系，引导学生自己总结如何建构健康快乐生活方式的方法和规则。

第一环节，教师从上节课的实践引出处理矛盾的态度问题，进一步提出令学生深入思考的问题，让他们在心理上产生认识和道德上的冲突。基于第一次实践课中学生解决问题态度比较蛮横的现状，教师让学生谈谈生活中有没有冷静地心平气和地解决邻里关系的事例。然后用几个问题引发学生思考：其实人们在生活中很多时候处理问题都是心平气和的，为什么会这样呢？我们也看到过过激的解决问题的方式，但那样做的后果是什么呢？如果矛盾双方就某个问题得不到解决，你有其他的解决办法吗？

第二环节，在情景剧的表演过程中，重点引导学生体会处理问题的方式和对人生活的影响。第二组的课本剧"胜利者胜利了吗？"以事件处理方式

(李家用武力威胁)为焦点,以事件处理结果为基点(李家得到赔偿,温家表面屈服),以事件结束后邻里生活状态为参照(尴尬的邻里生活,敌意的生活状态),向学生展示了一种对漏水事件的处理方式和这种方式导致的生活状态。第三组和第四组也以同样的方式引导。

第三环节,引导学生对三个课本剧进行立体对比,谈谈自己的感受,和同学进行讨论。总结出每个课本剧中自己学到的处理问题的原则。重点请剧组中的关键成员(如第二组中的李家妈妈)谈谈自己处理问题后的感受。教师最后帮学生进行总结,用恰当的话表达出来。包括从第二组中总结出的:别人侵害到自己的利益,要用恰当的方式表达自己的不满,维护自己的权力,但不能采取过激行为(如吵架、打人、威胁),那样做只会使矛盾更大,让两家人都生气、苦恼,影响健康快乐的生活。从第三组总结出的:邻里之间要讲公德,不给邻居添麻烦,自己家的水龙头常检查。不小心给别人家造成损失的,要主动承认。如需赔偿,要主动赔偿。如果碰到不讲道理的人,要冷静处理问题,可借助司法机关的介入来处理问题。从第四组总结出的:宽容、理解,互相谦让;有错误要主动向别人道歉;共建和谐健康快乐的邻里生活。

第四环节,此环节的进行是让学生进一步深刻体会健康生活和非健康生活对人的影响,以及帮助学生获得如何处理自己的邻里关系问题的知识。

但从这次课也可以看出教师对学生引导力显不足,使得学生在事件的变异中体验不够深刻。

(2)再次修改,平行班再实践

这一次的课堂实践是在四年三班做的,用时50分钟。对教学设计进行了小部分的修改,进行了两个环节的变异。

第一环节,激发动机,引发思考。

教师用谈话式教学法与学生谈论邻里之间关系的百态,当学生谈到邻里之间矛盾冲突的例子时,教师引导学生思考冲突的原因,冲突是否可以避免?最后可将焦点聚集到漏水这一主要事件上,提出问题,引发思考。

第二环节,情景剧表演,不同角度理解同样的事件。

这一环节没有变动,但要求教师针对上次实践课存在的问题,在学生讨论后作立体图分析,重点引导学生观察、体会处理问题的方式和这种方式对人生活的影响。横向上引导学生体会一种处理方式(过激的、法律程序、理解的)和其带来的后果,以及这种结果对人生活的影响(敌意的,正常的,和谐的）。纵向上让学生体会为什么对同一漏水事件会有三种不同的结果和生活。这里重点引入事件后的生活时态，要让学生知道生活并不是静止的。自己的每一行为都会对自己和他人造成影响，这种影响还会持续一段时间的。

第三环节，情感渲染，让学生关注别人的感受。

借用教材中的《不一样的琴声》，通过教师有感情地朗读，渲染情感，升华理解。

第四环节，邻里两难故事，变异邻里生活情境。在后测中跳出了以漏水为中心的邻里事件，用幻灯片出示了几组邻里关系的两难故事，变异邻里生活情境，引起学生认知和道德上的冲突，用自己的规则进行判断。包括：

① 赵科发现邻居家的小狗正在自家的门口小便，该怎么办呢？自己清理一下还是找狗的主人告状？要是他家人不管怎么办？

② 小方和小黄是邻居，一天，两人在院子里玩，小方不小心将小黄撞倒在地，头上还流了血，小黄的妈妈不明真相，说小方欺负小黄，小黄该怎么办？陪礼道歉，并耐心解释，还是一跑了之？要是他妈妈不听解释，蛮不讲理怎么办？

③ 李宾和王铜的家长因为一点小事闹了矛盾，如果你是李宾或是王铜，见到对方的家长时，该怎么做？不打招呼，就当没看见，还是主动跟邻居打招呼？要是邻居不理你，你该怎么办？

第三部分 研 究 结 论

整个课题为期一个半月，一共有三位学校教师，两位市里教研员，两位高校课程专家和五名研究生参加了这次课堂学习研究。除去学校期末考试期间，课题组每月数次在学校聚集商议课题进行情况，并进行不懈的实践。整个课题期间一共进行了两次实验课，三次正式的实践课。

一、本主题单元研究的实效性考究

（一）上课教师的感言：不只是惊喜

每次实践课结束后，课题组都要及时开会，对上节课中设计环节的不足进行总结，对有争议的问题进行讨论。对于第一次实践课，李老师在讨论会上反映说，自己下了很多工夫设计这节课，但效果自己不满意。"我总感觉自己的思维被什么束缚住了,自己想挣脱,可最终还是顺着那条道走了下来。"课题组成员认为课程设计失去重心,活动占据了课堂的大部分时间。模块与模块之间缺少层次和递进,情景剧体验和学生评论部分与课程结束部分的主题总结"远亲不如近邻"没有必然的联系性。学生体验部分与规则总结部分缺少过渡,使邻里规则成为学生之外的冰冷知识,道德教育化归了知识道德形态,缺少生活气息,很难让学生在体验的基础上建构自己的知识和道德结构体系。

第二次实践课是课题组全体成员在评估第一次课和对学生问卷测验基础上共同进行设计的。本次课程设计中引入了变异学习理论,对学习内容进行变异设计。在第二轮实践课结束后,课题组成员包括小学教研员的普遍感受是"惊喜"。继续在四年一班做了第二次实践课的李老师在结题后的教学日记中写到:"由于'变异'设计的良好效果,我和孩子一起走入了课堂,体验同一漏水事件的不同处理方式,学生们认真地讨论着,没有第一次课的嘻嘻哈哈,我也深深地感受到生活是一门艺术。"

在四年三班做课的张老师由于做的是更成熟的设计方案,效果非常好。在讨论会上她说:没想到孩子们对问题认识的这么深刻,让我非常惊喜。两位小学教研员也感到这次课题研究取得了令人满意的效果,是他们以前没有经历过的。

(二)学生的变化:深刻感受,解决问题能力的提升

变化一:剧中孩子的变化。

在四年一班做的第二次实践课,由于对课程方案进行了重新设计,对原来的课本剧进行了改编,引进了后生活时态,学生们的课堂表现发生了很大变化。在教师的细心引导下,与第一次课相比,学生开始认真思考问题。在第二组扮演李家妈妈的学生说,处理矛盾之前应该仔细思考问题。过激行为是解决不了问题的,只能使我们更加烦恼,这是我们谁也不想要的生活。看到第四组中的李家和王家相互理解、和睦相处的邻里生活,她说到,生活本来可以是另一个样子,全靠我们自己营造。第二组中扮演温家和李家的孩子的学生说道,我们按照家长的要求,彼此不能说话,心理渐渐充满仇恨。可是我们看到第四组中王家和李家和谐的邻里生活,非常羡慕。听了专家的话,我们知道这样的生活状态对人是不好的。我们是小朋友,应该好好相处。

变化二：变异情境中的表现。

在四年三班做的第三次实践课在内容在作了部分修改，在学生表演情景剧并讨论的环节后，课程设计了一个情境变异环节，把由漏水事件中总结的邻里关系相处原则推广到整个社区生活中，在具体的邻里事件中让学生们作出自己的判断和解决问题的方式。虽然这是第一次在这个班上邻里关系主题单元的课，不过学生在变异了的邻里事件中的表现还是让人惊喜。比如说在第二个两难故事中（小方和小黄是邻居。一天，两人在院子里玩，小方不小心将小黄撞倒在地，头上还流了血，小黄的妈妈不明真相，说小方欺负小黄，小黄该怎么办？可以赔礼道歉，并耐心解释，还是一跑了之？要是他妈妈不听解释，蛮不讲理怎么办？），一学生说道，"如果我是小方，我会给小黄的妈妈道歉的，并找自己的家长给小黄看病。如果他的妈妈不听我的解释，我也不会跟她辩解。因为从妈妈爱儿子的角度讲，这些都是可以理解的。等她冷静了，我再说也不迟"。对于第一个变异邻里事件（赵科发现邻居家的小狗正在自家的门口小便，该怎么办呢？自己清理一下还是找狗的主人告状？要是他家人不管怎么办？），一学生说道，"我会自己清理的，然后跟对方沟通这个问题。如果他们不理我，我可以去找物业处理这个问题"。

二、对变异方案设计后的思考

（一）对生活时态的理解

生活是流动的，虽然课堂中的活动是在特定的空间和特定的时间进行的，学习的内容往往又常常是成人处理的问题，学生学习体验时带有模仿的性质。因此学生很容易以不在乎的态度和快乐的原则来上课。表现在课堂中就是嘻嘻哈哈、发泄（如在漏水事件中的砸门），而不是以认真的态度来体会真实的生活。但教师要让学生体会到生活绝不会因一件事情的终结就了结了。要让学生知道你可以选择处理问题的方式，但这种方式会直接或间接地影响你未来的生活。这样就要求教师在同一课堂内向学生展现一种"（事件）后生活时态"，而且要让学生体会到这种后生活时态的状态是与自己处理问题的方式有因果关系的。在第二次实践课的方案设计中，我们引入了"后生活时态"，这样以邻里事件为分水岭的事件前、后的生活就产生了一种对照。让学生深深地体会自己处理问题的方式对自己生活质量的影响。为什么李家和温家在事件结束后的生活一直不开心呢（第二组）？为什么王家和李家能够和睦相处呢（第四组）？"后生活时态"的引入让学生体会到了这种因果关系。从横向上产生一种变异——对照图式。每一小组要有这样的感受：我们向往平静安宁的生活，不希望这样的生活被破坏。但生活中的矛盾是不可避免的，是我们不可掌握和控制的，不过处理方式我们是可以选择的。处理事件后的生活状态很大程度上与我们处理问题的方式有关。这样就让学生看到了一种对照的图式，进而在因果关系中看到两种生活图景。

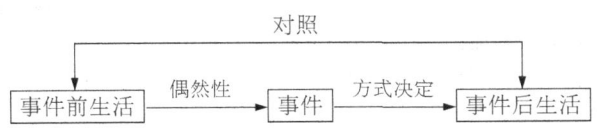

（二）立体邻里生活的融合

每一小组表演的漏水事件都代表了一种处理问题的类型。除了让学生在横向上体验一种处理方式给自己生活带来的影响，在纵向上也很有必要让学生体会到什么样的处理方式能带给我们向善的生活。因此课程设计了三组来表演对同一漏水事件不同处理方式的原因和结果。让学生透过不同的组合和结构，聚焦于相同的学习内容的不同关键属性，也就是让学生同步辨识到事物的多项关键属性以及这些属性之间的关系。这种不同属性的同步变异的图式，可以达到"融合"的效果。

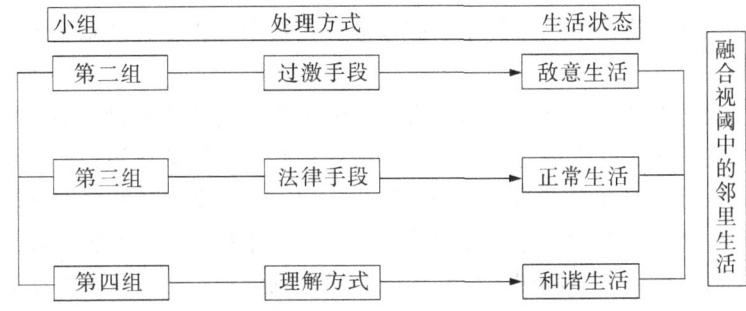

（三）建构原则的视阈类合

变异图式中的类合变异的含义是指从事物的一种属性出发，进而推广具有此种属性的不同事物。在第三次修订的课程方案中，我们设计了"邻里两难故事，变异生活情境"这一环节，意在让学生对自己建构的邻里原则进行检验，在一个更广阔的空间内体验多种事态的情境，让他们在认知和道德上产生冲突，从而认识不同事件的相同属性，培养解决实际问题的能力。整个图式如下：

漏水事件邻里关系原则总结	维护自己的正当权力，但不能采取过激行为。
	邻里之间讲公德，不给邻居添麻烦。如果遇到不讲道理的人，可通过法律。
	理解、宽容、互相谦让。有错误主动向别人道歉、赔偿。共建和谐生活。

空间拓展 →

- 宠物引起的矛盾
- 孩子之间引起的问题
- 家长之间的矛盾对孩子造成的困境
- ……

三、品德与社会课主题单元设计的一些反思

（一）课堂学习研究的启示

课堂学习研究是指对一堂课的教学内容集体备课、教学观摩，协同工作，进行系统反思达到更有效的教与学的教师专业发展过程，其最终目的是让学生进行更有效的学习。它是行动研究的一种形式，教师既是教育者又是研究者，通过行动进行反思，通过反思进行更有效的教学。它又是协作学习的一种方式，通过教师的共同备课、课前课后会议交流及观课、评课等协同工作，达到共同提高的目的。课堂学习研究作为教师发展的一种协作模式，一般由问题探索、设计课程、实地教学、评估成效、重写教案、再次试教、评核反思以至最终分享成果几个步骤组成。在这个过程中，教师始终是参与到其中的。

微观层面的课程设计是教师日常面临的工作，这种课程设计的方式和流程也直接实现在课堂之内，对学生的学习效果有着直接的作用。实然状态下的课程设计还停留在孤立的"教师城堡里"，而且"城堡"里只有任课教师一人来承担其学科教学任务。这种看似正常的工作状态实际的教学效果是什么呢？我们在第一次实践课的后测中能看得比较清楚。造成这种教学效果的原因主要在于课程设计的方式和流程都留守于传统的课程设计方式。如导言—新授—总结。不是说这种流程有什么错误，问题的关键是教师在流程中间的环节中做了什么。第一次实践课，任课教师的首先环节是导言，然后学生活动体验评论，这个环节占去了课堂的大部分时间。最后教师总结，用一种单一的价值取向把前面所有学生发表的言论抹杀了。这是最典型的传统课程设计方式，虽然其中加入了活动的环节，可它还是脱离不了"赫尔巴特式"教学设计的影子。我想这个责任不在于教师，因为他们就是在这样的环境中成长起来的，上学的时候接触的就是这个模式，工作以后的环境也是如此。

要想改变现状，关键是要给教师提供一个看得见、摸得着的平台，让他们真实地体验什么是有效的课程设计，为什么传统的课程设计在今天的课堂里力显不足呢？

本次课题利用课堂学习研究的方法来进行课程设计研究，对今后品德与社会课程设计的发展有一定的启示作用。

首先，设计的目的性和动力性增强。课堂学习研究的开端始诸于问题的探索，探索问题的落实建立在对学生了解的基础上。因此这种问题的特征表现出很强的针对性。这种问题未必是教师不懂的，但确实对学生的学习造成了困难，需要在设计环节上做文章，以此解除学生学习上的困难，帮助他们更好地认识世界。由于课程设计的预设性的性质，因此对于共同工作的团队成员来讲，学生好的学习效果成为他们工作的最大动力。

其次，设计找回了重新思考的机会。在课堂学习研究的范围内，课程设计方案从来就不是在结束了课堂教学之后就放入了"历史的档案馆"。课堂学习研究需要几轮的课堂实践，以求得对设计方案的不断完善，其中完善的基础建立在对每一次实践课结束后的讨论和反思。

第三，设计重回人间。课堂学习研究的课程设计从来都是在具体的语境中完成的。教师能在数轮的课堂实践中反思、修正方案中不完善的地方。告别了传统的书斋中的假象遐思和一次性的实践，使设计更具有针对性和效用性。

第四，设计的团队精神。课堂学习研究是团队和合作性的工作，课程设计是集体工作的结果，团队的每一个成员对设计方案的效用都负有责任。这种研究方式的优点在于它能够集思广益，在实践的基础上，分析设计的优点和不足，从而使设计不断走向完善。

在品德与社会学科中进行的课堂学习研究体现的课程设计方式对其他学科的设计也具有借鉴意义。

（二）变异学习理论为品德与社会学科课程设计提供的发展空间

第一，变异学习理论作为品德与社会课课程设计的起点。

变异学习理论体现了一种认识事物的不同观点，力图在纷繁复杂的现实生活中引导学生建构一种健康快乐的生活方式。但由于生活在学生心中是凌乱的，是没有经过反思的，是成人模式化的，因此变异学习理论作为品德与社会课设计的起点就在于帮助学生在习以为常的、凌乱的现实生活中产生一种"诧异"，这种诧异的原型是："哦，生活原来可以这样。"诧异的产生是基于变异设计所引起的不同生活形态的对照、类合、融合和区分。

第二，变异学习理论作为品德与社会课课程设计的工具。

品德与社会课的基本理念是以学生生活为基础，帮助学生参与社会，学习做人。变异学习理论指导下的课程设计通过拓展学生生活，聚焦学习内容的关键特征，营造变异空间，引导学生体验变异，使学生的最初"诧异"开始走向理性的思考。无论学生最初的生活经验对学生学习起积极还是消极作用，变异学习理论的课程设计展现给学生的是一种不同现状的多种生活和道德形态，通过变异手段的设计引导学生从"诧异"走向诧异后的冷静思考与探索。

第三，变异学习理论作为课程设计的方向。

变异学习理论作为一种学习理论，其内涵不仅仅体现在课程设计方面的工具效用，它的含义是丰富的。"变异"在顾泠沅等做的数学研究中有概念变式和过程变式。概念变式的目的在于从几个角度出发认识静态的数学概念。过程变式则是在递进的模块设计过程中让学习者理解概念形成过程或问题的解决过程，意在让学生形成立体的知识结构和经验系统。品德与社会课程不同于数学课程的地方在于它从生活现象出发，不但追求客体世界中事物的本质，它更注重在人的主观世界建构个人的价值体系。课程设计中，在一个空间内向学生呈现经过变异的生活现象，向学生展现多态生活方式，激发多元价值的撞击，引导学生在自己的讨论和思考中辨识，培养批判思维，建构多元视角。所以，变异学习理论归根到底对课程设计的引领方向是结束一元思维和单一价值垄断课堂的传统，解放学生心灵，让他们选择、建构自己的生活方式，这种生活方式在他们的心灵中是道德的，是健康快乐的。

主题单元设计之二：情境认知学习理论视角下"寻找春天"设计[①]

第一部分 主题单元设计的理论支点

（一）情境认知—学习理论

1. 内涵及其发展

情境认知—学习理论（situated cognition and learning theory）是20世纪90年代以来当代学习理论研究的热点，它超越了基于传统心理学的情景观，并善于从人类学、批判理论、政治学等更宽阔的领域反思自身发展，成为继行为主义和认知学习理论的又一理论发现。情境认知——学习理论的核心在于，知识是基于社会情境的一种活动，而不是一个具体的对象，是一种人类协调一系列行为，去适应动态变化发展的环境能力。它强调将概念性知识作为一整套工具，并且只有通过实践活动和社会性互动来促进学生的文化适应。在对情境认知与学习的研究中，"情境认知"与"情境学习"是两个比较常用的概念，在不同的研究领域，不同研究者对概念的认识和使用有所不同。一般认为，情境认知是认知心理学的重要组成部分，而情境学习是人类学家们使用的概念，但两者并没有实际意义上的不同。如《MIT认知科学百科全书》中，作者就将情境认知和情境学习看做一个概念来理解和使用，并认为情境认知与学习是在自然情境下对认知进行的研究。个体心理学常产生于构成、指导和支持认知过程的环境中，认知过程的本质是由情境决定的，情境是一切认知活动的基础。

80年代中期开始，情境认知与学习理论进入初步发展阶段，随着"认

[①] 本研究完成于2007年10月，东北师范大学附属小学给予了大力支持，由吕立杰与硕士研究生刘经言共同执笔，部分内容发表在《上海教育科研》2009年第3期。

知革命"逐渐被建构主义以及与其密切相关的情境认知与学习，社会文化认知、生态认知、日常认知，分布式认知等理论代替，情境认知与学习理论应运而生。1987年，瑞兹尼克（Ruizinike）在美国教育研究协会的就职演说中，发表了《学术之内外的学习》，她认为校内学习是目的性和计划性很强的，注重个体工作，而日常生活中的学习更偏重于情境的、具体的学习，更多的是随机的、偶然的、合作的。1989年，布朗（Brown）、科林斯（Allen Collins）与杜吉德（Paul Dujider）等在《情境认知与学习文化》一文中，从教育心理学的角度对情境学习有了进一步的阐述，其观点主要是：知识是具有情境性的、背景下的活动，知识是背景和文化产品的一部分。知识正是在其丰富的情境中，在文化中不断被运用和发展着，知识的思考和情境是相互密切联系的，知与行是相互的。同时，美国加利福尼亚大学伯克利分校知名学者，莱夫从人类学的视角也对情境认知与学习进行了研究，他从研究从业者（如裁缝、产婆、航海家等）的日常学徒开始，关注日常认知，实践认知，进而推进到对情境学习的深入研究，他发表了大量相关方面的文章，提出了情境学习理论研究中的著名论断"情境学习：合法的边缘性参与"。

从1993年开始，美国权威杂志《教育技术》开辟专栏，探讨情境认知与学习。希拉里·麦克莱伦（Hillary Maclellan）整理出版了《情境学习的观点》一书，这本书可以看做情境认知与学习理论研究的阶段性成果，突出表现在情境学习与计算机教育、情境学习与课堂教学、情境学习的评论以及一些案例研究与开发等。西方研究者们从社会学、语言学、心理学的观点全面拓展和研究了情境认知理论，并进行了大量的实践探索。在我国，李吉林的基于功能性情境语文教学是该理论成为本土化研究的典范。

2. 主要内容及要素组成

情境认知与学习理论强调知识是个体与社会环境相互作用的结果，是个人在参与文化实践的过程中产生个人知识的。学习的结果不仅要活的事实性知识，还要使思维和活动参与其中，得到锻炼和完善。学习是在特定的物理环境或社会环境中进行的；学习者在实践共同体中进行社会参与。教育心理学家和人类学家，分别从各自的立场出发，分别对情境认知学习的要素进行了不同的阐释。

（1）人类学家视角中的情境认知学习要素

① 情境下的参与。社会情境是人类学习和存在的基础，人们不是根据心中的符号来表征事物的，而是在情境下的直接参与和互动中决定自身行

动,所以,以隐喻在人们的行为模式和处理事件的感情中的默会知识将对人作用于环境时,发挥潜移默化的作用,同时实践者经常对情境反思。虽然,随着实践者经验的日益丰富,默会知识的复杂性与有用性都会随之增加。但在实践中,在处理不同情境中的问题时,它必须通过行为中的反思建构设计与解决问题的新方法。在这里,学习是对不断变化的实践的理解与参与。所以人类学家也认为,所有的学习都存在于社会实践中,而这个实践的过程又是一个运动、变化、发展的,有"产生——改革——再产生"的过程。反思在这个过程中,成为一种联结和动力。

② 合法的边缘参与。合法的边缘参与是情境学习与情境认知理论的中心概念和基本特征。基于情境的学习者,必须是共同体中的"合法"参与者,即是参与到共同体工作的情境中,而不是作为第三者出现。"边缘"的参与即是由于学习者是新手,他们不可能完全参与到共同体中,而是其中某一部分的组成。

③ 实践共同体的建构。实践共同体的建构是情境学习在人类学研究领域中的核心要素。实践共同体是由莱夫(Laifu)和温格(Wenger)提出来的,以此说明在个体与共同体的关系中活动的重要性,以及共同体之于合法的个体实践的重要性。它意味着对一个活动系统的参与,其中参与者共享着理解,知道他们在干什么,以及他们的所作所为在他们的生活中意味着什么,对共同体的意义是什么。共同体的关键是要与社会联系——要通过共同体的参与在社会中给学生一个合法的角色或真实的任务。

(2) 教育心理学视角中的情境学习要素

《情境学习的观点》一书中,希拉里·麦克来伦在其论文《情境学习:多种观点》中,识别出教育心理学的研究领域,情境学习的要素如下:故事、反思、认知学徒制、合作、辅导、多种实践、清晰表述学习技能与技术。

① 故事。故事在信息的迁移和发现中起着重要的作用,还可以帮助人们记录他们发现过程的轨迹,为记忆学习的东西提供一个有意义的结构。

② 反思。反思是情境学习的重要组成部分。情境学习提供了一种建构学习经验的方法,这种方法分别兼顾了经验性认知与反思性认知两个方面,知识是反思的结果。

③ 认知学徒制。认知学徒制也是情境学习的重要组成部分,它最早是由约翰·西利·布朗(J. S. Brown)、阿伦·科林斯(Allen Collins)和保尔·杜吉德(Paul Dujider)在论文《情境认知与学习文化》中提出的。

④ 合作。合作性学习强调同伴互教、小组工作和团队工作。学习者必须具备合作技能才能适应社会的发展。约翰·西利·布朗、阿伦·科林斯和保尔·杜吉德在论文《情境认知与学习文化》中识别出一下促进合作性学习的策略：合作性问题解决、显示多重角色、敢于面对无效策略和错误概念、提供合作的工作技能。

⑤ 辅导。教师在学生完成任务时，对他们进行观察，必要时介入学习过程，并提供学习支架，没有必要时，则及时隐退。为学习者提供主动和自主解决问题的机会，即让学生自己建构学习。教师对学生的认知发展和社会成长进行监控，并引导每一个学习进入理解和能力发展的新领域。

⑥ 多种实践。多种实践是情境认知的核心概念。技能都是通过实践来获得的，学生往往在没有教师和教练的指导下，学会了很多技能。实践的不断反复是在一种合作和反思的社会背景下，为技能的测验、修正和发展提供了一个专家网络系统。

⑦ 清晰表述学习技能。清晰表述学习技能包括两个方面：首先是指清楚地表达或识别出技能的组成部分，以便更有效地进行技能的学习。其次，清晰的表述是指使学生达到这样一种目标，使他们能在某一领域中，清晰地表达他们的知识、推理或问题解决的过程。通过对思考和问题解决过程的清晰表述，学生们会更好地理解他们自己的思维过程，更好地向其他人表达他们的思想。

⑧ 技术。它在支持情境学习的各种要素时，提供了丰富的资源，为提供模拟情境起到关键作用。

(3) 教育心理学和人类学的研究旨趣比较（见表）[①]

教育心理学领域的研究多基于功能性情境而设计的教学模式，如抛锚式教学，李吉林的小学语文情境教学模式。而在人类学视角下，将各种模式整合，比较典型的是美国温特贝尔特大学设计的"贾斯珀系列"。人类学主张的各类实践共同体的创建，旨在消解传统意义上有关情境认知与学习研究中的二元论思想，将实践共同体的创建整合到学校教育和教学实践中，建立一个良好的学习生态系统。在教育心理学的研究领域中，情境是由教育者创设的教育工具，是个体学习的一种背景与支撑。

---

① 王文静. 基于情境认知与学习的教学模式研究. 华东师范大学课程与教学论专业博士论文，2004：23—30.

表1　　　　　　　　情境性理论的心理学和人类学

	心理学的观点	人类学的观点
关注焦点	认知	个体与共同体的关系
学习者	学校中的学生	实践共同体中的成员
分析单位	情景性活动	共同体中的个体
互动中的产出	意义	意义、身份和共同体
学习场所	学校	日常生活世界
学习目标	为未来的任务作准备	满足即时的共同体、社会需求
教育学运用	实习场的创设	实践共同体的建构

表2　　　　　　　教育心理学和人类学对情境认知与学习的研究

		教育心理学	人类学
认识论		二元论	一元论
构成要素		故事 反思 认知学徒制 合作 辅导 多种实践 清晰表述学习技能 技术	社会实践 社会生活 学习课程（生成性课程） 合法的边缘性参与 实践共同体 远程学徒
知识的本质观		知识是抽象具体的表征 知识是事实与规则 知识是具体的事情	知识是基于社会情境的一种活动 知识是动态的建构与组织 知识是人类协调一系列行为、适应动态变化发展环境的一种能力
理论研究	研究重点	认知	个体与共同体的关系
	学习者	学生	实践共同体中的成员
	分析单位	情境活动	共同体中的个体
	互动中的产出	意义	意义、身份和共同体
	学习的场所	学校	日常生活世界
	学习目标	为未来任务作准备	满足即时的共同体、社会需求
	情境的作用	背景与手段	生态系统中的要素
	教育学的意义	实习场	实践共同体

续 表

教学模式研究	基于问题的学习 抛锚式教学 认知学徒制（教育心理学领域）	SMART 挑战系列 教师共同体 NGS 儿童网络和远程学习

3. 情境认知学习理论指导下的教学模式

传统意义上的教学设计，通常使用系统化方法，需要在教学前针对预期的学习结果、学习的条件、学生现有的知识技能，学习风格和学习动机等进行分析，然后在教学理论的基础上进行教学设计。这样的近乎线性的教学设计逻辑，前提往往是学习内容的固定性和学习者角色的被动性，而情境认知理论认为，学习者的行为与环境息息相关，是主动与环境互动的行动者，况且，学生在每个情境中表现都不相同，对于教学情境的设计也会禁锢学生的学习活动和思维。因此要改变传统教学设计的线性逻辑，提高其弹性、变通性和开放性，鉴于此，情境认知学习理论指导下的教学设计策略体现在如下几个方面：

（1）确定合适的学习内容，提供真实的学习情境。每一种学习理论都有其适合的学习内容和学习者群体。情境认知学习理论比较适用于教授问题解决技术，也就是给定一些事实和规则，解决新情景中的一些问题，这要求学习者知道为什么。它对学习者的认知加工能力有了较高的要求，比较适合那些需要进行较高认知加工的任务，如归类、规则的推导、程序的建立等。这种任务的学习需要带有很强的认知色彩的学习策略，如语义组织、模拟推导、精细加工等。

（2）在学习方式上，主张合作——探究。在学习者参与的过程中，知识的获得应该是一个由周边参与到逐渐到核心的历程。这一历程对学习者来说非常重要。他们需要理解和把握如何在对话中获得知识。情境学习可创建社会性的互动学习环境，学习者之间互相交流、争辩以及由此引发的认知冲突也会加深他们对知识的理解，而合作的过程也同时是一个任务分工的过程，可最大程度地发挥学生的潜力，提升学习效果。

（3）教师的角色转变。在情境教学环境中，教师的作用由知识的传授者变成学生的理解者、辅导者和促进者，在学习的关键时刻应为学习者提供必要的指导与搭建"支架"，格林菲尔德称之为"教学支架"，强调学生的"最近发展区"，支架能从学习者自己管理学习的需要出发，支持并简化任务，使他们能完成当前无法完成的任务,维果斯基认为,儿童在合作中,在指导下,在有帮助时总能比独立时做更多的事和解答最困难的习题,支架可以帮助学生从已知知识向正在完成的有难度的任务迁移。

(4) 提供接近专家以及对其工作过程进行观察和模拟的机会。这是认知学徒模式不可缺少的关键环节。通过专家与新手的对比,让学生实现从"边缘的参与"到"核心的参与"过程。

(5) 关注学生的"最近发展区"。在情境教学前,需要对学生的前置概念进行分析,了解学习者在进行学习活动前的经验和知识准备情况,以此作为情境设计前的重要依据。同时,我们还应该考虑提供多大的挑战可以使学习者在教师或者同伴的协助下发挥最大的潜力,完成有效的知识建构。

(二) 课程统整理论

课程统整不只是重新安排学习计划的方法而已,它是进步主义的教育哲学的一部分。比恩(Beane,2003)指出课程统整包括四个主要部分:经验统整、社会统整、知识统整和课程设计统整。[①] 课程统整也是一种课程设计的方式,不考虑学科界限,教师与学生共同界定重要的问题与争论,进行课程组织,其目的是增进个人的、社会的统整。它强调参与的计划、脉络化的知识、真实的争论以及统整的知识,能提供不同学生广泛地接近知识、开启更多成功的机会。在将知识运用到具有个人意义和社会意义的问题上时,在这些问题的脉络中,知识被重新定位,学科领域的界限被消除,知识的范围和顺序依师生合作拟定的主题和问题而定。知识就是力量,学生在统整课程的学习中,建构自己的意义,有权力决定什么是有价值的知识,进一步使用知识,探讨争议,采取社会行动,解决问题。统整不仅不会降低品质,更能提高学习水准。"品德与生活"是以儿童的生活为载体的一门统整课程,迪克(Drake,1998)指出:生活课程宜多采用科技统整和超学科统整。情境认知——学习理论对知识起到了整合作用,有利于学生对知识的构建,在了解知识产生的背景时,融入了人文精神的熏陶及智慧启迪。

(三) 相关的课程设计理论

1. 课程设计的客观基础

不同学者对此有不同的观点,比较认同的课程设计的三个主要因素:社会发展的要求、学生成长的需要和知识增长的影响。课程是实现教育目的的工具,教育必然要为社会服务,所以课程设计在价值取向上、课程内容的选

---

① James A Beane. 课程统整. 单文经,等译. 上海:华东师范大学出版社,2003:8—9.

择等方面体现社会意志。同时要考虑学生的身心发展水平以及未来发展的需要，目前的课程设计多以"学生中心"。不同领域的知识具有不同的特征和内在体系，所以课程在设计时还要关注知识本身的逻辑结构。

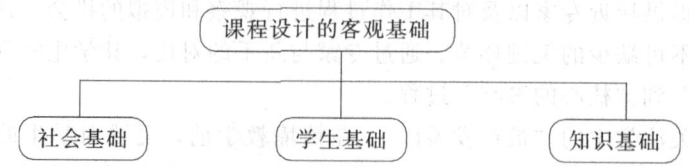

2. 课程设计应考虑的基本要素

（1）课程目标。课程目标的确定主要包括两个方面的工作：一是范围的确定，二是目标叙写方式的选择。课程目标范围不能过于狭窄，而应涵盖所有有价值的学习领域。

（2）课程内容。课程内容的选择要适应社会发展和学科综合化的趋势。将学习经验的选择纳入课程内容选择体现了对学生在学习过程中的主体地位的认可与尊重。将知识内容融入某种情景供学生体验是"使内容变得可学，目标成为可能的基础"。

（3）学习活动。学习活动关注的是学生做了些什么，多是外显的活动。学习活动的选择通常因具体课程的不同而不同。

（4）评价。评价不仅要关注学生的学业成绩，而且要发现和发展学生多方面的潜能，了解学生发展中的需求。评价对象是学习过程、学习结果以及评价主体、评价方式等，这些都是课程设计中需要根据价值取向作出相应安排的要素。

3. 课程设计的典型模式

从课程设计的历史来看，比较典型的模式主要有：

（1）目标模式。以泰勒（Ralph Tyler）为代表，其主要精神在于"目标取向"的理念。它要求课程设计人员，由目标出发，以教育目标作为选择活动、组织与时间安排等相关设计活动之指导，并依此进一步发展形成详细明确的目标，转换成学习经验，将学习经验加以组织，使其产生意义，以便于教师的教学与学生的学习，最后设计评鉴工具，以了解学习经验是否达到预定的目标。

（2）历程模式。斯滕豪斯（L. Stenhouse）批判泰勒模式适合行为技能的训练，提出了历程模式。他认为教育的方式与教学过程更重要，而不是教育内容，且重视学习者的主动学习与教师的专业思考。这种课程设计并不是预先确定具体的教育目标,且未硬性规定学生学习的行为结果,而是经由建立明确的教育历程原理与教学原则,以有效增进教师的专业判断。本次研究采用的就是历程模式,经过反复实践不断完善课程设计。

(3)集体审议模式。这是一种实践取向的课程设计,主张课程问题是实践的问题,要用实践的方法予以解决。它反对盲目地依据单一的理论指导课程实践。在课程审议过程中,代表课程的四个要素(学科内容、学习者、环境和教师)的人员组成审议群体,他们共同识别问题所在,共同对有关的各种理论资源进行剖析,共同对各种备选方案进行审议,共同作出课程决策。

(4)情境模式。它根源于文化分析,又称情境分析模式,其基本假定是以个别的学校及其教师作为课程发展的焦点即学校本位课程发展,是促进学校真正改变的最有效的方法。该模式设计的课程内容方法与途径比较具有弹性与适应性,可从任一阶段开始进行课程设计。

(四)"品德与生活"的课程性质与设计思路

"品德与生活"课程:"以儿童的生活为基础,以培养品德良好,乐于探究,热爱生活的儿童为目标的活动型综合课程。"[①]

作为一门综合课程,它是通过与儿童的现实生活相关的活动设计,帮助儿童完成在学习方式、学习内容、生活习惯等从学前教育到学校教育的转变。"回归生活"的理念是该课程在新课改中的一个亮点,它在内容设计上基于儿童的生活经验,课程目标是为了儿童的生活服务,在组织方式上通过真实活动来完成对生活的学习。通过活动让儿童在真实生活中体验、理解和适应世界,以促进心智和身体等方面的全面发展。

1. 基本理念

(1)道德存在于儿童的生活中。其含义包括三个观点:道德寓于儿童的生活中,生活是儿童品德形成之源,源于儿童实际生活的道德教育才有实际。

(2)引导儿童学习做人。一方面要从生存能力上打好基础,另一方面要从健全的人格上打好基础。为学生打好两个基础模式是本课程的核心所在。

(3)珍视儿童生活的价值,尊重儿童的权利。包括参与教学活动的权利,享受愉快生活的权利,享受有尊严生活的权利。

(4)关注课程与儿童生活世界的联系。这一理念包括两层意思,即儿童只有在真实生活中才能获得发展;重视与儿童生活世界的联系才能实现课程

---

① 全日制义务教育品德与生活课程标准(实验稿). 2002:6.

的价值追求。

2. "品德与生活"课程的设计思路诠释

"品德与生活"课程以儿童生活的四个方面(健康、安全地生活;愉快、积极地生活;负责任、有爱心地生活;动脑筋、有创意地生活)为明线进行表述,以三条轴线(儿童与自我、儿童与自然、儿童与社会)为暗线贯穿在内容板块中,通过课程中的主题活动综合呈现的。其中,三对关系体现了人的发展的完整性,四个方面是对儿童的生活内容和生活方式提出的要求,既要在儿童个体精神层面得到发展,又比较侧重儿童与自然社会关系的互动。所有的活动均按三线四面的框架来设计,并在这一框架中确定了课程的目标、内容标准、实施原则和评价的指标。

(五)适合情境认知——学习理论指导的主题单元特征分析

情境认知指导下的主题单元最主要的特征是体验,在现代汉语辞典中的意思是:①在实践中认识事物,亲身经历体验生活;②体察;考察。可见体验重在一种活动和尝试。有学者认为:"体验,既是一种活动,也是活动的结果。作为一种活动,即主体亲历某件事并获得相应的认识和情感;作为活动的结果,即主体从其亲历中获得的认识和情感。"同时学者刘惊铎认为:"体验是一种图境式思维活动,主要包括想验和亲验两种方式。"[①] 无论哪一种观点,都承认一个事实,即体验需要发生在并总要发生在某种场景中。

1. 体验与认知的关系

(1)体验是认知的催化剂。杜威的一个基本观点:学生是基于真实世界中的体验。[②] 通过在解决真实问题的情境中获得知识,学生容易理解怎么样、为什么和什么时候这些知识是有用的。学生知识的获得可以是间接经验,也可以是直接经验,尤其是技能型知识的获得是要靠亲身体验才会带来实效的。

(2)体验是获得知识的过程,隐蔽了教育意图。通过情境的体验,使学生的情感体验与知识技能发展巧妙地结合起来,在潜移默化中实现课堂教学的人文规范。将情境与体验结合起来,体现的是目的与方法的结合。让学生在隐喻的文化中,在快乐的环境中轻松地实现教育目的。

(3)体验的特性在于转变态度和升华情感。真实的情绪感受得到了可以释放的地方。体验性的学习不同于接受性学习,它为知情意行得到统一提供

---

① 刘惊铎. 道德体验论. 北京:人民教育出版社,2003:60—62.
② 赖端云. 体验概念在语文课程改革中的体现. 教育研究,2002(10).

了机会。经历了这种感情活动与认知活动融合的过程，教学内容学生可以感受，可以捉摸，可以应用。

2. 情境认知—学习理论与体验的融合

（1）体验学习的理论基础就是建构主义学习观。建构主义的学习理论认为，对待学习，学习者应该主动建构发现知识。作为学习的主体，学习者始终处于中心地位。而体验也必定是一种主体参与，一种亲身经历。在体验学习中，学习者要相互沟通。与建构主义密切相连的情境认知—学习理论，也强调了学习者的主体地位，在进入实践领域以后，与他人的合作。两者具有一致性。

（2）体验具有反思性。体验性学习是一种反思性学习方式。当真实环境来临时，人们通过图式的转换会自觉或不自觉地生成反思，而反思也会带来新的感悟，使人们进入新的体验当中。

（3）体验的过程符合认识发展的基本规律。人类的认识大概经历了"认识——实践——认识"的基本规律。道德知识的学习不是靠灌输来实现的，它是在主体的体验和感悟中实现的。体验因遵从了道德形成的一般规律而成为道德学习的一种途径。

我们在利用学习理论或思想指导课程设计时，首先要关注这种理论的适用范围。在主题单元的内容选取上要考虑与该种学习理论适切的学习内容。情境认知——学习理论重视情境在情感和认知层面上的功能，在指导品生、品社主题单元的设计时，更适合于以学习解决问题为主的体验类主题内容。在真实情境中的学习单元，如"规则在哪里"、"我要攀登"、"马路不是游戏场"、"我心中的春天"、"冬爷爷"、"家乡的变化"、"安全防火"、"交通安全"、"识路与问路"等侧重问题解决型的技能学习。不适合陈述性的课程内容，比如"快乐的少先队员"一单元在了解红领巾的由来时，更适合组织学生收集资料、集中访谈等方式来教学。

第二部分　主题单元设计的个案研究与分析

（一）基于教育心理学领域的情境认知对"寻找春天"主题单元的指导

1. 主题单元的确立

我们选择基于功能性情境的主题单元——"寻找春天"，希望通过人与整体环境的和谐相处，使认知和情感的层面同时得到提高，在感受大自然赋予人类美好事物的同时在体验中生成和建构道德。美国学者吉布森（Gibson，2002）认为："课程教材对教学的影响非常大。不同的外部环境特点给特殊的有机体提供不同的活动，例如有助于走、爬与游泳的条件等。与此类似，不同的教学材料则支撑不同的学习活动。有的材料有助于提出问题、表达问题，而有的把条件完全结构化了，几乎没给学生留下什么空间，仅仅是事实的简单陈述。"① 所以在选择主题单元进行设计时，一定要考虑情境能够给予的各种学习机会。"品生"课与原课程所做的改革最主要的表现就是"回归生活"。新课程强调的是回归生活的品德发展和社会性发展。寻找春天，就是要让学生在大自然中感受春天的美好，与自然亲近，与生活共享。这样的情境体验，事实上是一个情境意义扩展与主体心灵丰富的过程。学生的经验与自然情境的教育价值能够铸成一个全新的教育生活。同时在选择课程内容时，要考虑课程内容的可操作性，具体的实施条件以及学生的学习水平。尤其是这种需要在情景中体验的教学，更容易受到客观条件的限制。尽管我国南北方的季节特征明显，但四月中旬，对北方来说，正是乍暖还春的季节，季节更迭明显，春天特征凸现。季节的交替给人们的视觉感受强烈，人们往往对这种变化更敏感。因此良好的自然条件为学生进入真实环境提供了前提，使课堂真正成为促进学生生命发展的场所，置身其中的每一个人都体验到幸福和需要的满足。同时教学资源的选择受限不大，具体的教学工具，都可以解决。因此课题组预测该单元的选择能够使学生在情境中获得完全体验。

2. 对学生眼里的春天的初步考察

为了了解学生对春天的理解程度，确定研究对象的年级，研究小组随机对××小学一年级十班听了一节"认识春天"的课，通过课堂观察，我们了解到任课教师在上一节课已经带着学生到操场上观察了春天，并布置了作业，要求学生对春天发生的变化进行为期 20 天的观察，学生将观察到的变化用自己喜欢的方式记录下来。有的制成了表格，在日期的下面画上看到的小动物和植物的变化。学生们在老师的引导下，纷纷说出了自己看到的变化。

第一部分：教师提问，通过到操场上观察，看到了哪些变化？学生讨论，得出了春天的变化主要有：

---

① 美国温特贝而特大学认知与技术小组. 美国课程与教学案例透视. 上海：华东师范大学出版社，2002.

(1) 3月20日，河水开化了。

(2) 4月12日，长出了叶子，嫩绿的，有叶脉。叶子上面还带毛毛。

(3) 4月10日，看到了冬天要用大棚种菜，春天不用了。

(4) 植物生长了，可以吃到很多水果。

(5) 迎春花开了，阳光很充足。

(6) 操场上的同学多了。

(7) 我们穿的衣服变薄了。

(8) 天气变暖了。

第二部分：老师引导学生将发现的变化联系起来，从整体上感受春天的变化。

(1) 草的变化：黄——绿芽——长得比原来高——完全绿。

(2) 看到了虫子的卵，吐丝——飞蛾——美丽的蝴蝶。

(3) 树叶由棕色——嫩绿色——绿色。

(4) 果树的变化：先开花——长出了叶子——开始有小果实。

我们发现：一年级的学生对春天的认识只存在感性层面，虽然对事物的观察很细心，但通过课堂观察我们发现教师对认识春天的学习只是给出学生事实性的信息，停留在对季节变化的观察上，忽略了学生情感活动的变化。在认知层面上也留于表面，比如，并不是所有的果树都是先开花后长出叶子的。

当老师问到：一年有几个季节？什么时间适合耕种？学生的反应是：

一年中的季节	4个	8个	24个	季节	春天	夏天	秋天	冬天
人数	26	18	10	人数	52	26	3	0
平均值	51%	32%	17%	平均值	96%	48%	6%	0%

分析：学生对季节的回答有4个、8个、24个，说明学生对季节的概念并不清楚，了解学生的原有认知水平对学生理解春天，认识春天很重要。

为了进一步了解学生对春天的认识，掌握学生的最近发展区，在听课期间，笔者随机对学生A进行了访谈，而后又对学生A和B进行了访谈。

对学生A的访谈	对学生A和B的访谈
T：你画的是什么，给我讲讲好吗？ A：冬天，要下雪，夏天没有雪，有雨。 T：你最喜欢哪个季节？	T：春天和夏天有什么不一样？ A：没有什么不一样啊，春天有风，夏天没有风。

续　表

对学生 A 的访谈	对学生 A 和 B 的访谈
A：春天。 T：春天有什么变化。 A：迎春花开了。	T：夏天没有风吗？比如说南湖的水有什么变化？ A：春天湖水有浪花，夏天水很平，没有浪花。 T：春天和夏天一样吗？ B：当然不一样了，春天冰才开始融化，叶子也是新长出来的，是那种嫩绿的，而且夏天南湖的水也多了。

一年级学生对春天的理解，主要集中在对冬天和春天的差别比较上，而对春天和其他几个季节的比较则比较少。笔者对 B 同学就春天跟夏天的比较进行了访谈。发现他们学生在进教室前，原有的季节知识是不一样的，对春天也有不同的理解。A 同学是在问题的刺激下，才开始思考春天和夏天的区别，说明在他脑中没有对春天的原概念。B 同学对春天已经有了一定概念，很清楚春天是什么样子。知识是后一个联结建构在前一个联结的基础上的，所以教师在与学生一起学习春天时，不能孤立地将知识停留在春天的变化上，比较季节变化，启发学生思考，才能使学生的认识更深刻。

3. 对主题单元设计的思考

（1）关注学生接受新信息的前提性支架。通过随机的访谈，我们了解到学生关于春天的前概念存在很大差别，学生在头脑中对春天的信息存储量不同，所以在学生对基本概念不了解的情况下，在体验行动前，教师应先抛给学生几个最主要的概念。包括一年中有多少个季节和节气，为什么说春天是播种的季节，播种的步骤。

（2）情境中的认知学习是必要的。研究小组发现如果只将学生置于大自然中，让学生感受春天的气息，不对学生的问题和发现加以引导，得到的结果只能停留在对事物的简单认识上，对学生认知能力的提高和情感的培养没有显著的作用。提供的情境越真实，越接近学生的最近发展区。当笔者对学生进行访谈时，一名学生说到："去年春天我跟爸爸去内蒙，路上看到很多白色的盖在地上的东西，那是不是就是种菜用的啊？"学生又问："那有什么用啊？"我们发现学生对春天带来的变化感觉兴奋，很新奇，对自己看到的又不能解释的现象产生兴趣，求知欲强烈。说明学生对春天这一主题单元的学习有探索的欲望。将学生带到实际的情态中，不仅有助于学生对春天的深入了解，同时培养学生对大自然的赞美情怀。

（3）选择中等生作为观察重点。通过课堂观察以及与任课教师的讨论后，我们圈定了三名学生。据任课教师讲：A 学生，学习成绩优异，思想正统，能按照教师的要求做事，并喜欢自己判断。B 学生，学习成绩一般，平时无论在课上，还是课下都喜欢动，遵守纪律的意识几乎没有，思维活跃，喜欢发言。但对自己不感兴趣的问题从不关心。C 学生，成绩优异，做事认真，观察事情仔细。胆子较小，完全按照老师的要求做事，缺少独立思考的意识。我们希望通过对这三个学生的抽样观察，在他们身上找到情境认知—学习理论带来的变化。

4. 情境认知—学习理论指导下的主题单元实施过程

我们运用基于功能性的情境认知——学习理论，把学生带到了操场上播种种子。种植的目的不仅是让学生学会简单的种植技能，学会知识的应用，更要让学生通过合作学习的方式，彼此分担责任和实现交流。从学生的亲身体验出发，培养热爱生灵万物的情感。

第一节课：支架式教学的前奏。

经课题组讨论后，决定利用两课时（70分钟）学习"播种种子"。第一节课是对种植基本知识的介绍以及种植前的准备。

教学步骤：教师先向学生教授了一年中的四个季节，春天是种植的最好季节。

（1）教师展示种子，宣布学生下节课将种子种下，放在学校的窗台上。

（2）学生讨论，种子生长需要什么样的条件？（花盆、水壶、花肥、土、水、阳光）

（3）分别具体展开讨论。教师分工，花盆、土壤怎么获到。介绍种花的注意事项，老师引导学生讨论种花的程序是什么，最后总结出：挖坑——放种子——埋土——浇水。老师将花盆放在讲台上，考虑到一年级学生的识字量有限，老师将每个步骤用图形表示出来。

（4）水壶，怎么解决？老师主张不能让家长花钱，要自己利用废品制作，学生拿出了。老师要求家长的配合，将饮料瓶打孔作为浇花工具。

（5）提出应该给小种子浇多少水？学生讨论，想办法。

（6）用什么样的水？冷水、热水还是温水？学生七嘴八舌讨论。最后一个同学说，看到妈妈每天浇花时，先把水放一天，这样的水温适合。

第二节课：实践小组的确立并进入实习场。

（1）确定合作小组。老师首先将学生分成12组，每组两个花盆，四个人，分别用1、2、3、4来代替，每个编号的学生要承担不同的任务，分工合作。1代表挖坑，2代表放种子，3代表埋土，4代表浇水。然后学生在小组内讨论，具体的操作步骤以及选择哪样种子来播种。结果在小组合作讨论过程中，小组成员意见不统一，有人要选菊花，有人要选芍药。老师的解决办法是：少数服从多数，并把剩下的种子送给那些没有达到心愿的学生，带回家种。各小组一切准备就绪后，每个小组带着自己的工具来到操场。

（2）学生们在老师的带领下来到学校操场。对于这些几乎没有自己亲自动手栽种过的学生来说，显得格外高兴，面对着自己小组准备好的花盆，跃跃欲试。还没等老师提议开始种植，有些小组就开始动手了。很多同学忘了自己所在的小组，没有按确定的任务来完成，跑到了其他小组，原有的共同体概念被丢到了脑后。许多学生忘记了老师讲过的种花的顺序，播种前的分组编号已经失去了意义。有一名学生对我说："老师，我一忙活，都忘了种花的步骤了。"在实践中，我们往往会遇到很多没有预料到的问题，如工具没有准备全（挖土的工具），土太松，或者挖坑很费劲。学生不知道应该浇多少水，很多学生将带来的水都浇到了花盆里。学生在操场上种花态度不认真，把上课当成了游戏，很多学生没有领会种花的要领，实际操作起来才发现有很多步骤不知道该怎么办。可以看出，知识在识记和应用间的差距。在这其中，任课教师有意将A、B、C三名学生分配在同一小组，以便观察三个人在合作中的表现以及教师应该如何隐退和出现。

（3）对实践小组的观察：A学生自愿充当小组长，告诉小组成员不要着急种花，要先想想老师讲的种花步骤。B学生根本没听，拿着矿泉水瓶开始和另一个小组的同学打闹起来，忘了自己的任务，也打乱了小组成员的种花程序，遭到了成员的批评。B同学被小组人叫了回来，小组这才开始种植。C学生负责挖坑，小心翼翼，挖坑时一会儿觉得浅，怕盖不住种子，一会儿觉得深，很怕把种子压死。由于土质太松，挖到四周的土又掉了下来，成员间开始了争论。浇水的时候，A同学说："老师说浇半瓶就够了。"B同学说："老师说得浇到花盆漏水……"后来找老师商量得到了解决。同时老师给学生及时的反馈，说："我们应该向A同学学习，不用着急种，先想想怎么种。B同学真是能干，还不怕脏，你们小组完成的真快……"B同学很开心，抬头看了老师一眼，将花盆旁边的土，用手清理干净。

可见，实践小组在解决具体问题时常常出现冲突，成员责任不明确。教师这时的新角色是学生学习的引导者和促进者，作出的及时激励、唤醒、鼓励对于协调小组成员达到观点的一致很重要。同时建立学生对小组学习任务的责任感,才能保证小组实践任务时不会流于形式或放任自流。教师要根据情况及时出现和隐退,让学生感受问题解决策略的灵活性和多样性,学会理解他人,欣赏他人。

(4)学生完成幼苗成长卡片的设计。经过教师的指导和学生们的努力,各个小组都种好了花种,将花盆带回教室。种子虽然种完了但后期的观察和照看也必不可少。卡片的设计大概包括在两周内小苗的成长过程。学生都用了自己喜欢的方式:如制作表格、文字叙述等表达了小苗的成长过程。

第三节课:提供反思机会,以此带动评价。

成长档案袋和作品展示是情境表现的两种评价方法。在教学指导和评估中,这两种方式是交织在一起的,很难区分开来。[①] 该教学过程是否成功的首要标准是对体验过程的评价。学习需要反思和反馈的机会。杜威将反思视为怀疑和探索的一个连续体。为此,半个月后,我们专门用了一节课,给学生展示自己播种后的作品。12个小组中,有3个小组的幼苗长势很好,7个小组的幼苗虽然长出来了,但长得不大,还有两个小组种植失败,没有长出幼苗。但有很多同学用尺子每天坚持量幼苗的高度,填在了表格上,有的画出了每天小苗的发育现状。学生们的设计反映了个人的目标和经验。学生们主动发言,交流感想。对所在小组存在的问题和获得的经验积极反思,并找到了不足。X同学说:"我们小组能够让小苗长得很好就是因为我们认真听了老师的话,不像别的小组那么乱,没有秩序,所以我们完成的很快。"Y同学说:"我们小组虽然种的时候很认真,但是后来忘了给小苗浇水了,所以现在它长得不大。""我们小组浇的水太多了,每天都浇一瓶,小苗好像不太能喝水。"学生基本上能够说出自己的成败经验,彼此有了交流的机会。

5. 对主题单元的再设计

整个课程完成以后,课程专家、教师以及研究生们聚在一起,开始总结与反思。经过大家讨论,在新一轮的课程设计中我们注意到以下几个问题:

(1)模仿认知学徒制。整个主题单元的学习用了四节课,这么长的时间在实际教学中往往受限。为了节省时间,上课一开始播放一段事先做的录像,教师以专家的身份出现在录像中,一边示范一边讲述种子的具体种植过程,缩短教学时间。

[①] 美国温特贝尔特大学认知与技术小组. 美国课程与教学案例透视. 王文静,乔连全译. 上海:华东师范大学出版社,2002:86.

(2) 任务完成后增加及时反思。学生们在种花过程中遇到的问题，尤其是小组合作分工后，出现的意见不一致，需要学生及时地反思和表达看法。时间过得太久，当时的感受就会被学生遗忘。表现良好的小组说出问题解决的程序和方法，这实际上是给学生清楚表述学习技能的机会。彼此及时交流，分享成功和经验。教师在倾听时，要注意学生是否能清楚表述自己的观点和描述整个操作过程。

(3) 注意学科内容的整合。选择播种春天的课程内容，一方面是想通过学生的实际体验来感受大自然的美好，另一方面也是为了学生能够真正学会简单的播种过程。针对学生提出的："为什么用凉水浇花，为什么不能用纯净水；小树为什么要喝水"等问题，我们找来了科学老师给予了适时指导，渗透了简单的科学知识，希望通过简单的讲解能使学生更好地获得种植方法，这也是"品生"课作为一门综合课的要求。

(4) 升华情感。教师在最后的总结中通过让学生了解幼苗的成长过程，升华学生对万物生灵的情感。引导学生：植物和我们人类一样，有自己的生命，像我们一样要吃饭，喝水才能长大，所以我们要像对待自己一样来对待植物。关心身边的植物，热爱我们的环境是每个人都要做的。

6. 对该理论应用效果的检验

(1) 学生对播种的态度和应用技能发生变化。

在后测中发现，通过情境学习后，学生的态度发生了很大变化。喜欢在实际问题中解决问题，对动手知识的学习减少了焦虑。喜欢接受新事物的挑战，而且应用知识的能力明显增强。

水　平	问　题　样　例
对种植态度的水平 种植能力 种植焦虑/自信心 种植的效度 当前对学习种植的兴趣 归因水平 对能力的信念 对成功与失败的归因	我比多数同学要出色，我学会种种子了 播种挺简单的 我发现学会了种植让我有很多以外的收获 比我想象的还有意思，自己种植感觉不一样 种的时候用到了老师教的那几个步骤，下次种肯定能种好 我们种的认真，记住了老师教的步骤，所以长的苗大，我们小组做的认真

(2) 学生从体验中增强了对植物和自然的热爱。

通过对幼苗的观察记录，学生们萌发出对生命的成长期待，对春天万物复苏的感慨,很多学生表示希望自己也能像幼苗一样成长,知道了生物界也有他们自己的生长规律。

态度水平	问题样例
对春天的热爱程度	春天是植物长大的季节,其他季节没有春天好
对生命成长的期待	我也是一棵小苗苗,我要快点长大
对万物生长规律的认识	小苗苗长大可真不容易,每天就长那么一点点
环保意识水平	小苗苗要长大,我们要保护花草

(二)整合的情境认知——学习理论指导的"认识我们的学校"主题单元

立足于教育心理学领域的基于情境认知——学习的课程设计关注功能性情境(实习场)的创设,而另一种人类学情境认知——学习理论支持的教学模式研究则相对开放,它从另一个视角透视了日常生活,在复杂情境中人类真实的学习,从重视实习场的创设到实践共同体。当然,每一种课程设计思想都不是孤立的,往往都是根据实践中整合的复杂需求,来创造多重设计模式。下面的研究就是整合教育心理学和人类学的双重视角利用情境认知——学习理论,移植贾斯珀系列对"认识我们的学校"主题单元教学设计,目的在于让学生在真实情境中学会迁移知识,利用事实知识解决新问题,这实际上是通过行为活动来建构知识。同时在探究任务的过程中,加深对学校的了解,增进热爱学校的感情。

1. 主题单元的确定

情境理论特别关注改革学校环境下的学习,特别注意到特定的学习目的和学会特定内容,其研究重点是真实的学习活动中的情境化内容,中心问题就是创建实习场。学习的任务情境应与现实情境类似,以解决学生在现实生活中遇到的问题为目标。学习的内容要选择真实性任务,不能对其做过于简单化的处理,使它远离现实的问题情境。而且教学过程与现实的问题解决过程类似,教师在这个过程中不是灌输者,而是创设情境,提供解决问题的范式,并指导学生的探索。基于以上考虑,我们选择了"火灾现场"和"认识我们的学校"两个主题单元,但由于"火灾现场"一单元需要的课程资源受客观条件的限制,所以没有被课题组采纳。

选择"认识我们的学校"这个单元原因在于:学校是学生生活的真实情境,在情景中,学习发现问题,从课程资源的来源说,具有可行性。不仅增强了学生解决问题、发现问题的能力，而且使学生了解学校，增强对学校的感情。由于情境认知学习理论在实施中强调对程序性知识的学习，知识在真实情境中的运用过程，所以，从现行的几版教材中，没有将两者结合起来学习的教材资料。课题组经讨论决定仿造贾斯珀系列中的抛锚式，对《认识学校》这个单元进行校本化处理。教师教授学生如何看平面图，通过平面图认识我们的学校，并利用所给的平面图，亲自探查教学楼，将认识学校一单元内容与认识平面图的内容结合起来。

2. 对学生最近发展区的前测

在情境教学前，对学生的前置概念进行分析，了解学习者在学习活动前的经验和知识准备情况是情境设计前的重要依据。我们随机在二年级和三年级各抽取了五名学生进行了访谈。得知这两个年级的学生都有过迷路的经历。在问："你是如何辨别方向？"时二、三年级学生都能脱口而出上北下南，左西右东，而研究者让他们当场辨认自己所在的位置时，二年级的学生并不能准确说出，三年级学生五人中有四人做到了。可见学生虽然能够很快说出"上北下南，左西右东"，但他们不懂得这是看平面图的方法，而不是在实际生活中辨别方向的规则。学生习得的知识，储备的知识概念没有太大差别，但惰性知识占多数。同时我们发现三年级学生的生活经验丰富，基本具备了认识方向的能力。"认识平面图"本是人教版三年级下学期的内容，但基于前测，我们决定将课题研究放在二年级来做。

3. 对学习环境的分析

YY小学北楼成半环状，分为A，B，C，D，E五个厅，对于很多人（包括成年人）而言，要想准确辨别出方向，也是颇费周折的事。对二年级学生提供寻找方位的机会有一定挑战，三年级学生的当前认知水平已经达到。我们选择了二年十二班作为研究对象，原因在于这个班不在我们选定的参观教学楼之内，所以学生对这栋楼的构造和建筑不太了解，为学生提供一个陌生的、全新的情境以便能有真实的学生表现和研究效果。

4. 情境认知——学习理论指导下的主题单元的实施过程

第一节课：问题解决的知识讲授。

（1）导课：教师通过校园照片引出平面图。

（2）讲授：教师帮助学生学习如何看平面图、方向标和图例。给出教室平面图，学生讨论如何确定各种设置在教室的什么方向。

（3）合作共同体的形成：教师随机将学生分成四组，以确保学习共同体成员的能力与原有认知水平大体均衡。分发校园平面图，每组经过组内讨论后选择自己要找的地方。教师提出以比赛的方式进行，哪个小组能在最短的时间内找到规定去的地方，可以获得一枚小红星，学生们顿时提高了兴致。

（4）小组讨论：选择自己要找的地方并确立行走路线。本课题研究者们分别深入四个小组中，对四个小组的表现概括如下：

小组编号	第一小组	第二小组	第三小组	第四小组
目的地	绿色生态教室	手工教室	社会科办公室	计算机教室
为什么想去那？	没有去过，想去看看。	那里有很多有趣的东西，我们喜欢在那玩。	想看看老师怎么办公，因为我们很多人都想当老师。	因为我们从来没有去过。
能否看懂平面图？	A1：能看懂，这上面不是有图例吗？ A2：绿色生态教室在楼的左边，我们一直往左走就行。	B1：不用平面图，我原来去过。 B2：我也知道那，但我想能不能找一条更近的路。	C1：能看懂，我们要去的地方在三楼，好远啊！ C2：能不能坐电梯？图上画得是电梯和楼梯挨着。	D1：拿出平面图指给老师看，往东再往南。
什么路线？	A3：从E厅进去，往右拐。 A4：可以从C厅进去往左拐。	B2：我们可以从右边的楼梯进去，然后向东走，再向南走。	C3：从右边楼梯上去，往右走，再往右拐一下，我估计就能看到了。	D1：能路过五年四班，五年一班，综合实践组，社会科教室就在厕所旁边。

可见，学生基本上具备了看懂平面图的能力，并试图通过多种路径找到目的地，对未知领域表现出强烈的好奇心。

第二节课：在情境中体验学习。

在各个学习小组任务完成以后，我们通过问卷形式对学生进行调查，发现很多学生对任务完成的满意度低，原因在于这种任务没有给他们带来兴奋和挑战。在学生眼里，学习是没有意义的，依靠原有经验完全可以解决任务。在问题解决过程中，许多同学丢掉了平面图和依据工具，就可以顺利找到。可见，这次的课程设计考虑到了学生原有的知识基础和生活经验，但没有看到他们已经在学生的生活中产生了绝对影响。同时我们认为，学习共同体进入实践场后,教师并没有及时促成学生的方位感,没有对学生适时指导。在另一种情境中,如何变换思维作出判断有些流于形式,只想要学生可以找到的结果,没有注意学生思考的过程。学生要么很顺利地找到了目的地,要么根本找不到目的地,因为很多学生在新情境中,并没有学会迁移,没有正确地分清东西南北。

第二轮课堂实践:

(1) 多种观点的协商和反思。

基于以上原因,我们决定对课程设计重新修改,在平行班再实践。关注的焦点问题,仍然是最近发展区,学生的合作、反思,教师在情景中的角色,清晰表达自己的观点。

第一,在地点的选择上作了修改,既要考虑到学生原有经验在解决新问题的重要性,同时又要考虑新知识在问题情景中的重要作用。既要尽量避免选择学生熟悉的地方,学生不会因为完全的生活经验就能解决,又要依据学生的愿望,尽量选择能让他们产生兴趣,并为学生适应校园生活提供便利。

第二,对学生在新情境中如何辨别方向给予适当指导。尤其强调了在使用平面图时,指向标所指的北的方向,一定要与实际的北的方向一致,只有在这样的前提下,才可以使用平面图。同时鼓励学生探索新的解决问题途径,通过平面图,找到更多的出口,从而培养学生面对新情境时将惰性知识转化为解决问题的工具。

第三,在每个小组顺利找到目的地以后,老师又领大家来到了操场,辨别方向,然后学生拿出校园平面图,对照平面图找到校园的大门,南教学楼和北教学楼所在的位置,结果学生们基本上都能找到了。老师让学生仔细回顾自己看到的一切,多数学生的反应是:"老师,我原来没发现学校有这么美,还有那么多我不知道的地方。"

第四,教师鼓励学生首先在小组内讨论合作决定,如果不能解决,老师再提供指导。在合作中,成员能积极听取他人意见,认真协商,以友善的方式解决问题。

(2) 对问题解决情况的分析:

任务完成类型	顺利完成小组	遇到困难后的解决	未完成小组
遇到的困难	无	很累,一直爬到四楼,分不清方向;找不到C厅了,不知道哪里是北了。	不会看平面图。

续 表

任务完成类型	顺利完成小组	遇到困难后的解决	未完成小组
解决方式	凭原有经验，原来来过。	小组合作，讨论，试误的过程。	老师给予适当指导。
情境给予的发现	国旗，花瓶，钢琴，小小读书廊；领操台；红旗，四年三班	美术教室；小树；看到了三年4，5，7班；钢琴走廊；红旗；教室的墙壁上的画；沙发；英语教室；美术教室；校医室；间操声；学生处	英语教室，洗手间；泥塑教室
意外的收获	原来学校这么多门。方位变了。发现学校很美。知道了东南西北。自己有了理想想成为画家，手工艺家。	多了一棵大树；生态园的花长大了。学校里有很多好看的东西；学校真现代。有了平面图，不转向了。我看到了校医室里有人在包扎伤口，校医室很有作用。	作品都变了；原来我没有去过学校高的地方，现在我能找到了；五年级的班级都在四层，原来不是都在四层的。
原有经验的作用	绝对作用	下楼时，选择了近路，原有经验影响了问题解决。	放弃了原有经验，但对新的任务解决方式没有领会。

学习者产生了要解决的问题，并通过进一步的问题生成，形成框架和问题解决来学习和应用相关的认识平面图的知识和技能。学生在真实情境中，学会了"为什么"和"怎么办"。知识、思维和学习的境脉是相互紧密联系的。学生拿着地图找方向和地点时，很多人背会了上北下南，左西右东，但在真正用的过程中，很多学生甚至分不清左右方向，更别提找东西南北了。可见在脱离境脉的条件下获得的知识，经常是呆滞的和不具备实践作用的。把新知识与已有概念整合起来被认为能导致更有意义的学习。（Mayer, 1984)。

(3) 对任务完成情况的追述：来自现场的声音。

对遇到困难学生的访谈	对顺利完成任务的学生的访谈
T：你为什么没有找到地方啊？ S：楼里分不清左右，也分不清方向了。我在想北在后面还是在前面。主要就是找不到北。 T：你们小组的人讨论怎么走了吗？	T：你能找到北吗？ S：我能找到，以前就知道。 T：你是怎么找到的呢？ S：看图啊，图上有北的方向标。 T：这个北和实际的北有什么关系？
S：他们也不知道。	S：要重叠啊！ T：那你是怎么找到实际的北的？ S：要是能看到对面的艺术学院就是北的方向了。

(4) 为每个小组提供了反思机会。反思的问题集中在：

① 为什么没有完成任务。原因在于在楼里分不清左右了，也分不清方向了。我在想北在后面还是在前面。主要就是找不到北。小组的其他人都不知道怎么走，大家的观点不一样。

② 如何完成任务。"我能找到北的方向，因为我原来就知道。图上的北要与实际中的北重叠，才能按照平面图走。"

我们发现，很多学生所以能够分清方向，不是在辨别出方向之后来找教室中的实物，而是先找实物，再找方向。可见学习者可以成功地解决近迁移的问题，因为在熟悉的教室内的情境不足以提供远迁移。走出教室，来到一个复杂的陌生的情境中，在一个远迁移或是新任务的问题中，学习者不能灵活地加以应用或批判地进行推理。同时在解决问题的过程中，已有的或日常的经验成为新的理解提供了独特的判断框架。背景知识和经验成为组织和利用新知识的纽带。

(5) 后测：教师回到教室后，对学生提出了这样几个问题：

① 如果以后迷路了，你会不会害怕？

② 如果迷路了，你会用什么办法解决呢？

③ 你现在最想做的事是什么？

结果我们发现，98％的学生回答不会害怕迷路，说明情境提供的问题解决的机会培养了学生勇敢的精神。在遇到类似迷路的困难时，很多学生具备了解决实际问题的能力，增强自信，如有的学生说："以后要是去陌生的地方，我们可以先找来平面图，我们会用平面图找到我要去的地方。""我们还可以说出自己周围有哪些东西，打电话告诉爸爸妈妈我在什么地方，让他们来救我……"大多数学生在实践探索中有了意外收获，从而发散了思维，使学生产生了主动探索的念头，如"我想回家看看我姑姑家在哪，看看在地图上能不能找到"，"我想看看动物园在我家的什么方向"，"我想找找看看，有没有更近的回家的路……"

第三部分 结 论

为了实现情境认知理论在品德与生活课程的设计中的指导意义，课题组选择了"寻找春天"、"认识我们的学校"两个主题单元，分别于2007年4月和10月在长春市XX小学和YY小学分别进行了为期一个月的主题单元研究。课题组由一位任课教师，两位课程专家和五名研究生组成。在经过了设计——实施——再设计的过程中，大家配合地顺利有效，对整个研究过程有深入细致的研究。

（一）情境提供的真实情感和行为，实现知识的建构

1. 在自然的情境中，情感与认知相互构成

在自然地流淌中情感得到升华，情感的升华也使学生对个体生命意识获得了超越。经历播种的全过程，使学生们认识到，播种的复杂性以及植物生长的不易。认识到了生命不再只属于人类，世间的万物都是有灵气的。从而超越了教材中旨在培养学生热爱春天、热爱大自然的情怀。生活提供了情境，情境又提醒了人的感官。情境认知——学习理论带给学生从教室到操场的喜悦。这种喜悦不仅来源于学生的欢呼雀跃的反应，也来源于教师的实践感悟。当我们跟随学生一起探索时，发现只有在真实的情境中抑或模拟的真实情景中，学生才能以真实的状态存在，学生来自现场的声音才是最动听的："我想找找看看，有没有更近的回家的路。""老师，我要是有翅膀就好了，不用看平面图，在天上看什么都能找到了。"情境认知—学习理论为品德与生活课创造了真实的教学空间，也使这门课变得更真实。让学生对生活的深刻认识：热爱生活，不是学生背下来的文字，而是在与生活的接触中渐生的感情。只有在真正了解了生活，了解了周围的环境，还会得到情感的升华。学生在与自然，学校的连接中产生了对生活的理解、热爱和创造。

2. 情境中真实的行为成为学生建构知识、发展认知的基础

知识不是静止的，它应该是在行为的训练中运动着的，也就是说情境使那种"宣讲"出来的知识变成了实践性知识。给定某一个规则或事实并提供使用的机会，才有可能在此基础上创造性地利用新的方法来解决多个方法的复杂问题。在学生认识学校的体验过程中，逐渐摸索到了更近的行走路线，并试探性地发现了一些新问题，这就是知识在情境中得到了建构。在学生的印象中，学习不再是教师教会学生一个事实，而是在教师的积极引导下，尝试解决问题和发现新事物，这才是知识的。

3. 促进学习方式，思维方式的转变

知识不同于信息，它要提供思维的框架，在情境中，我们看到了知识的迁移、综合和评价的功能。迁移是一种学习对另一种学习的影响，学生理解了何种成分迁移到了新的情境中。从一种情境进入到另一种情境，需要学生根据图景进行迁移。从提供专家演示到自己的新手种植，从教室内看平面图到寻找真实的地点，让学生从情境交替中，学习知识的应用与转化。反思是个人的自我批判和总结，是思想和行动前景的力量和源泉。学生在总结和展示作品中，给予了自我陈述和表达，倾听别人和交流的机会，在反思中获得了力量。教会学生思维的方法，是活动型课程不能忽视的。

（二）情境认知——学习理论给予"品德与生活"课程设计的启示

1. 学习环境的合理设计

在生活中完成意义的建构，一直是"品生"课追求的理念。生活给了我们真实的情境和尚待发现的问题，我们应该提高学生的学习兴趣的一个关键就是让他们感觉到知识的力量。通过在解决真实问题的情境中获得知识，学生容易理解怎么样、为什么和什么时候这些知识是有用的。新的教育目标要求改变学习机会，变学生的被动学习为主动探索，正如赫尔巴特所说："兴趣是借助经验所获得的认识和借助交往所获得的同情。"因此合理的学习环境是激发学生主动学习的一种途径。同时要考虑学习环境的社会学特征，在"实践的共同体"中，学习者是如何由边缘走向中心的。学习环境的设计与很多问题联系在一起，尤其是学习过程的重要性，学生迁移、能力表现，这些过程反过来又受到以学生中心、知识中心、评价中心和学校组织文化环境的影响。

2. 加强教师的理解深度，提高学生迁移的灵活性

课程教给我们的不只是客观的知识，更多的是知识背后的来源和效用。我们特别关注学生对思维迁移到新情境的灵活性。在研究过程中，发现问题解决者多会按照原程序解决问题，缺少灵活性，以及更简便的方案。说明在将知识应用到新情境时，思维有着功能固着的形态。所以，鼓励学生们及时的反思是提高问题解决的灵活性。在实施过程中，我们看到了没有实践前"万能的知识"到实践后"有限的知识"的过渡。

3. 提高学生小组合作的效率

学会与人共事，已经成为未来人生存的一种必备能力。小组合作学习，为学生重新认识共同体提供了机会，也使得合作精神和团体意识得到升华。因此，小组合作中一定要明确身份和责任，创造和谐的合作关系，在合作中教给学生互助和交流，是合作的最终目的。在此次研究中，我们很注意对学生社会关系的渗透，使学生理解人与人在合作时，不仅带着自己的责任，还要与人协调，在这个过程中，"身份"得到了证明。

4. 关注学生的原概念

通过两个单元的设计研究，我们看到了原有知识在解决问题中的重要作用。情境认知学习理论认为，知识不是单独存在的，既不是靠主观的符号来表象，也不是唯一来源于环境的，而是在个体原有知识的基础上通过环境来建构的。所以主张在上课前，教师要对学生的原有认知有一个大概了解，以便学生更好地建构知识。

（三）研究者的收获

1. 学习共同体的力量

这次的主题单元设计目的之一在于鼓励教师与我们合作，理解课堂中的学习，以帮助更多教师理解运用情境认知理论要面对的困惑和挑战。在研究中，教师们教给我们许多课堂和教学的知识和经验。一个多月的教师持续性支持，使我们反思到这个共同体通过促进思想交流和彼此关怀来促进个人与小组学习中的作用。同时也让我们走近了学生，伴随着学生的活动，学生提出了有趣的问题，如为什么小树是圆的，不是方的呢？为什么要用凉水浇花，而不能用矿泉水呢？为什么小苗要喝水，不喝牛奶呢？这些令人震撼的问题让每一位研究者不失冷颤，作为教育研究对象的学生，我们究竟给了学生多少顾及？

2. 任课教师的感言：实践的力量是伟大的

当主题单元的最后一节实践完成时，研究者们开始了思想汇报。就像Z老师所说："原来我也让学生种过种子，但是种下了也就完了，因为这个过程挺慢的，所以从来没有给学生汇报成果的机会，现在知道了这个环节很重要。虽然把课上完了，但是根本没给学生留下什么印象，反正这个学科评价方式还是考试，所以不注意也就那么过去了。原来给孩子上课时，没发现他们有这么可爱。我承认，我从没有像现在这样给学生这么多的关注。它让我看到了孩子最本真的一面，我原来觉得对于学生提出的那些幼稚问题实在很可笑，所以从来没有认真回答过。一旦给了孩子自由的空间，他们才有了那么多的问题，这就是想象能力和问题意识，是创造力的表现。Y老师说："情境认知学习理论让我知道了情境也不是随便创设的，我原来也会通过活动方式让学生自己动手学习，但是孩子上完课就完事了，现在知道了学习是一个过程，教会学生如何学习，关注学生怎么样学习才是最重要的。"L老师说："在情境学习中，老师的角色很重要，扮演着协调者、促进者、资源顾问等多重角色。其中有很多默会的知识，这次研究让我明白了老师也要及时的出现和隐退……"

（四）情境认识——学习理论视角下"品德与生活"课程设计的发展空间

1. 教育心理学视野与人类学视野的融合成为情境认知学习理论本土化应用的现实选择

传统的情境教学，多给予功能性情境的理论研究，可以提供在学校或教室的真实情境，实现了意义的建构，却脱离了"身份"的认同，因此并没有实现与社会的连接。莱夫认为，共同体的建立不是简单地把许多人组合起来为同一个任务而工作，拓展任务的长度和扩大小组的规模都不是形成共同体最重要的因素；关键是要与社会联系——要通过共同体的参与在社会中给学生一个合法的角色或真实的任务。当然，情境认知——学习理论从目前来看，完全脱离学校是不可能的，我们可以立足于实践共同体的研究，将教育心理学视野和人类学视野的研究整合，应用到"品生"课中，扩大"品生"课的课程设计视角。

2. 情境认知——学习理论为"品生"课课程设计提供了真实广阔的空间

"品德与生活"不能简单地理解为是一门道德课，它在帮助学生完成情感教育的同时，更要引导学生如何生活、如何学习，在真实体验中理解生活。情境不仅给予儿童情感得到释放和升华的机会，也提供了儿童如何学习和解决问题的真实情境。近年来，很多教育研究者倡导"情境教学"，看到了情境对情感和审美的教育功能，但如果情境认知——学习理论突破教育心理学的情境观的研究，能够为学生认知和技能的发展提供充分的理论基础。将情境认知——学习理论应用到"品生"课的教学设计中，填补"品生"课在缺乏关注学生认知层面的空白。我们期望在信息技术高速发展的今天，利用现代技术提供情境为品德与生活的课程空间提供更广阔的领域。

当然，我们在研究中也发现，由于该理论对课程资源的要求比较多，很多教师受传统观念和学校文化的束缚，在教学中很多想法不能完全得到实现，使得该理论的应用受到局限，这也是未来课程发展需要解决的现实问题。

主题单元设计之三：综合理论视角下"劳动最光荣"设计[①]

第一部分　相关理论阐述

一、课程设计的基本理论

课程设计有四种模式：目标模式、过程模式、实践模式、情境模式。

1. 目标模式

泰勒（Ralph Tyler）在《课程与教学的基本原理》一书中开宗明义地指出，设计任何课程和教学计划都必须回答四个基本问题：第一，学校应该试图达到什么教育目标？第二，提供什么教育经验最有可能达到这些目标？第三，怎样有效组织这些经验？第四，我们如何确定这些目标正在得以实现？舒伯特（Schubert）从这四个问题中归纳出目标、内容、组织和评价，称为课程设计的永恒范畴。泰勒模式以目标为课程设计的基础和核心，至今仍是课程设计的经典，后来的三种模式都是它的补充。

2. 过程模式

斯腾豪斯（Stenhouse）认为，对于训练行为技能来说，目标模式很适用。但知识的本质在于通过知识的运用进行创造性思维。目标模式通过武断地规定思维界限及对知识中的未决问题武断地限定答案，使学校获得了一种凌驾于学生之上的权威和力量，教师的角色，则从一个复杂知识领域中的学生，转变为传授学校认可的观点的师傅，这就歪曲了知识的本质。第二，目标模式的方法基本上是一种通过使目标明晰化而改善实践的尝试，这种做法在逻辑上是合理的，却不能改进实践，就像人们不可能通过将杆升高而不是通过改善跳高技能来提高跳高水平一样。

[①] 该项研究由硕士研究生余珍萍执笔。

斯腾豪斯提出了课程实施的一般原则：教师与学生共同探讨有争议的问题；教师应保持中立的立场，并不以权威的身份对学生施加影响；解决有争议问题的方式是讨论和探究，而非传授既定的结论；探讨的结果应是多样的，而非统一的，应当尊重不同的观点；教师应对学习的质量和标准承担责任。过程模式与目标模式在课程设计的基本框架上并无实质性的区别。过程模式只是格外注重对课程实施过程的研究和构设，它试图通过加强课程目标的不确定性或模糊性以认定课程实施结果的多样性和非预设性，以此充盈课程实施过程的丰富性。

3. 实践模式

施瓦布（L. J. Schwab）认为，事物之间的"个性"在理论形成的过程中被简约掉了，课程的设计需要更多实践层面的思考，并融入实践层面的要素。在施瓦布倡导的实践模式中，学科内容、学生、教师和环境是构成课程的基本要素。这四要素在课程的设计中分别扮演不同的角色并产生相互作用。学科内容是指以教材形式呈现的教育内容，它只有在符合学习活动的现实要求并与课程的其他要素形成互动关系时才具有课程的意义；教师并非实现课程目标的手段，而是课程设计的主体，并在课程设计中扮演重要角色；学生同样是课程设计的主体，但课程的开发需要全面考察学生的身心特征和实际状况；环境是指有助于学生发展的情境，是课程设计必须审视和利用的要素，因为环境中蕴含了丰富的课程资源。基于实践模式的课程设计是以"课程审议"的方式进行的。所谓课程审议，是指课程开发主体通过对教育实践具体问题的审视和评议，达成关于课程的一致的观点、意见和策略的课程开发活动。施瓦布构设的实践模式，其根本目的在于强化课程开发的实践性基础，并尽可能地提高理论与实践的吻合程度，是基于实践并以教师和学生为主体的课程设计模式，增强了课程的针对性和实效性。

实践模式和过程模式仅仅构设了课程开发的一个模糊的理论构架，在具体操作规范的构划上也表现无奈和乏力。

4. 情境模式

批驳了脱离社会现实和学校教育具体情境的课程开发模式，情境模式主张课程的开发应当全面地分析社会文化，厘定社会文化的变迁与课程发展的关系，并准确把握学校教育的具体氛围和情境，使课程与社会和学校达成高度的吻合。斯基尔贝克主张课程的开发应当在具体情境、具体学校及教师和学生中展开。为此，他构设了基于具体情境的课程设计的具体模式：①分析情境；②确定目标；③设计方案；④解释与实施；⑤检查、评价、反馈与重建。这套课程设计的情境模式着重强调情境的制约和影响作用,对于校本课程的开发具有理论指导和实际操作价值。

总之,在课程设计的实践中,遵循其一而摒弃其余是偏颇之举,应当将这些模式统整起来,充分发掘和应用各种模式的独有价值,使开发的课程在最大程度上既体现教育的目的,又符合学生发展的现实需要。课程设计理论在为一线教师提供更大空间的同时,也对教师的角色提出了新的要求。教师不再是教书匠,而是学生发展的促进者,学习活动的组织者、引导者和参与者,多方面的合作者,不断优化自身知识结构的学习者。

二、综合课程设计的理论

(一)综合课程的基本涵义

通过对综合课程固有属性的分析,有宝华博士给出全面的定义:综合课程是将具有内在逻辑或价值关联的原有分科课程内容以及其他形式的课程内容统整在一起,旨在消除各类知识之间的界限,使学生形成关于世界的整体性认识和全息的观念,并养成深刻理解和灵活运用知识,综合解决现实问题的能力的一种课程模式。

尽管综合课程是一种课程模式,但它提供给人们的与其说是某种课程的某种运行方式或操作程序,不如说是实现课程综合化的理念,因此综合课程本质上是一种课程理想和愿景的表达。

张华博士认为综合课程是指这样一种课程组织取向:有意识地运用两种或两种以上学科的知识观和方法论去考察或探究一个中心主题或问题。笔者认为这样定位合理明晰。

(二)综合课程的基本类型及设计模式

课程组织有三个基本取向:学科取向、社会取向和儿童取向,我们可以依据主题或问题的来源将综合课程分为这样三种基本类型。

1. 学科本位综合课程

这种综合课程试图打破或超越各分科课程自身固有的逻辑,形成一种把不同学科内容有机整合为一体的新的逻辑。

根据综合的程度不同,可把学科课程分为相关课程、融合课程、广域课程三种形态。

(1)相关课程:两种或两种以上学科既在一些主题或观点上相互联系,又保持各学科原来的相对独立。老师了解不同学科之间的关联以后,可以避免对知识不恰当重复,可以启发学生更好地认知各学科。

如语文——品德与生活——英语。

设计相关课程需要遵循的主要原则是：

① 集中：应使学生不同时学习太多的课程，以免混淆课程中的细节内容；

② 相关：在保留各分科课程原有属性的同时，使不同分科课程之间的概念关联起来；

③ 工具性课程的整合：使某一课程所提供的技能成为另一课程领域的工具；

④ 学习范围：不能使学生的学习固定在一个统一不变的范围中，即相关课程的内容设计应当有别于传统的知识组织形式或分科课程的模式；

⑤ 全面地解决问题：能够使学生运用不同分产课程的知识和技能解决同一问题。

基于这些原则，设计者在设计相关课程的过程中主要采用如下方式：

① 以某一分科课程为基础设计相关课程；

② 从多个分科课程的角度设计相关课程；

③ 从学生的角度设计课程。

（2）融合课程：将有关学科融合为一门新的学科，融合课程通过新的逻辑形成一个新的有机体。原学科界限不复存在，由此融合课程综合程度远远超出相关课程。

如：

思想品德	生活常识
品德与生活	

两科融合的根据是道德存在于人的整个生活中，道德教育就是让学生有道德地生活。

融合课程设计的基本过程是：首先明确不同分科课程中课程内容存在的关联性，而这种关联性的明确需要从逻辑层面和价值层面来把握；在此基础上，依据既定的目的将具有关联性的分科课程中的内容有机地整合在一起，并使之以一门新学科的形态展示出来。在这一过程中，关键的环节是分析、梳理和明确课程的关联性，以及选择分处于各分科课程中的课程内容。

（3）广域课程：指能够涵盖整个知识领域的课程整体，通过新的逻辑形成一个新的有机体。像"我们是一年级的小学生"这样的主题可以整合所有知识领域。整合的线索是什么呢？赫尔巴特认为，教育的终极目的是培养德性或意志。德性或意志的形成依赖于"兴趣的多面性",多方面兴趣的发展依赖于"思想圈"的不断扩展。所以应以德性陶冶为目的,以道德知识为一切教材的核心,实现整个教学内容的统合。怎样把逻辑统合与儿童的人格整体关联起来呢?齐勒认为个人的人生发展阶段复演了种族文化的发展阶段,可以把两者对应起来。笔者认为这条线索可能忽视学生的需要、兴趣与动机,因而学科群教学文化合科教学更适宜。

广域课程便与生活联系起来,小学一、二年级课程以广域课程形态的经验课程为最佳,批评者指出,其缺陷是存在浅尝辄止的危险。笔者认为可以在广域课程中包含文化合科教学的解决。

2. 社会本位综合课程

这类课程的内容源于社会或整个人类的条件和状况,学生研究社会(特别是他们自己的社会)的种种特征与问题,主要通过核心课程表现出来。设计核心课程的最重要的两个环节如下:

(1) 确定核心问题。

第一,明确问题所属的领域,即生活领域核心和社会领域核心。生活领域核心以产生于社会生活中的共同活动为基础,即以普遍的且不易引发歧义的人类活动中的问题为基础,如健康、生存、生活和沟通与交往。这是人们生活中现实而普遍的问题,将有助于提高所有学生的生活能力和对现实社会的适应能力。所谓社会领域核心,是指将现实社会中突出且特殊的问题作为课程设计的核心,即将社会生活各个层面上困扰人们的关键性的且有争议的问题为核心,如贫困、饥饿、环境污染与整治战争、民族问题、社会腐败、文化的颓废等。这种课程可以使学生正确认识现实社会,同时,这种课程注重对社会现实问题的剖析,有助于发展学生的批判性思维,并培养其社会责任感。

第二,选择确定问题的方式。第一种方式是将由课程编制人员或教师预先设定的某些问题作为课程设计的核心问题,可以体现教育者的意图,有助于增强课程的系统性和完整性。第二种方式由学生与教师或课程编制人员在共同协商的基础上确定所要解决的问题和所要开展的活动,可以体现课程设计的民主性,能够真切地反映学生关心的问题,学生的主动性增强。

(2) 围绕问题选择与组织课程内容。

核心课程的内容选择的空间是无限广阔的,但明确并严格遵循一条逻辑主线或价值准则,是一项重要的原则。

20世纪80年代以来,国际上流行几种社会本位综合课程:科学—技术社会课程、环境教育课程，国际理解教育课程，面对全球化的社会特征，《品德与生活》课程应包含或渗透环保、国际理解、科技的价值等教育内容。

3. 儿童本位综合课程

经验课程，又叫活动课程、生活课程或儿童中心课程，以儿童当下的直接经验、儿童的需要动机、兴趣和心理发展为课程整合的核心，目的是促进儿童的经验生长和人格发展。

当代人本主义经验课程论体现了时代精神的发展趋势，是对20世纪70年代"科技理性"的膨胀以及由此导致的课程的"非人性化"的反叛。人本主义课程兴趣目前表现为两种风格的理论。第一种是自我实现课程，即建立在"马斯洛与罗杰斯"等人的心理学理论基础上，根本目的是促进学习者实现其潜能的价值最终达到"自我实现"的境界。持这种理论的专家倡导"合成教育"与"合成课程"。合成教育的核心思想是希望把认知教育与学生自我生活联系起来，"合成课程"最基本的特征是整合——情感与理智、个人与社会、教材与学生生活，整合的基点是自我。道德教育的目的同样是发展动机系统与自我概念。道德教育基本属于情意系统重现自我与他人潜能的开发，积极的人际互动，表达并探讨个体对自己、他人、学校的感觉、态度与冲突、进而发展对自己、他人、学校的正向态度、信念与价值。这些情感力量反过来又帮助个体导向丰富、有效率的生活。

所以道德教育内在于合成课程，是有机的组成部分，合成课程是整体视角下的"大德育"。第二种风格可以称之为"存在的体验课程"，"存在体验"指向个体的自由选择，危急状态、潜意识经验、挫折感等属于自我知识、自我履历的内容（个人是知识与文化的创造者），也可以指向海德格尔所描绘的自我与世界融为一体，物我两忘的"存在"境界。这种体验要求伴随反思精神，即对任何知识都要进行反省批判和意义重构。终极目的是通过使每一具体存在的个体之个性完全获得自由与独立，从而使人获得解放，使社会日臻公正；内容源于自我、自然、知识、社会，自然、自我、社会是一个"生态有机体"，是一种"存在"状态；课程与教学完全融合。

由经验发展到体验，这是课程哲学观的进步，体现了时代精神，也是道德教育走向综合视角的时代背景与学术背景。

（三）综合课程的依据

在新的历史时期，课程综合化的终极依据是整体有机论。在这个视野中，自然、社会、个人是有机统一的关系。整体由部分构成，部分展开即为整体，个人的精神世界与世界整体的精神具有内在同一性，表现为人的自然性、社会性、自主性的有机统一，这种统一是人的主体性的本真状态，是人的主体性的本质。教育的终极目的就是指向这种新的主体的生成——人的自然性、社会性、自主性的健全发展。与这种教育观相适应的是体验课程观。课程的综合化由经验走向体验，在时代精神背景中看，看到了哲学观的变迁，即由对知识的追求转向对意义的追求，由对工具理性的追求转向对价值理性的追求，由对智能的追求转向对个性价值的追求，由对世界的控制能力的追求转向对与世界共生的追求。东西方文明在此趋同融合。从课程理论的发展本身看，经验课程在终极目的观上指向个体的独立自由，已具有体验课程的内涵，是课程哲学观的进步。从实践背景看，体验课程的提出呼应了世纪之交教育课程向生活世界回归的趋势，对反思中国当前教育实践中的活动课程现象也有启发意义。

笔者认为"品德与生活"课程的内部对学科知识重视不够，与其他学科之间综合不够。

（四）综合课程的限制

好的教育理念的成功取决于课堂中的教师如何实施这种理念。而在今天的学校教育实践中，综合课程的理想范例却并不多见。这说明在实践中，设计与实施综合课程尚存许多限制或问题。

第一，知识的琐碎化问题。在综合课程中，教师必须根据活动或任务的需要，选择许多学科领域中的知识加以整合。这对许多教师而言是很难适应的，经常出现的情况是把许多知识信息机械地甚至牵强地拼合起来，导致没有力量的学习。

课程设计与实施的技能问题。综合课程的教与学究竟发生在什么地方，什么时候？究竟有什么作用？学生还有时间学吗？教师有这种课程设计与实施的专业技能吗？凡此种种，都表明设计与实施综合课程需要很高的技巧。

第二，教师的知识问题。就目前的师范教育体制看，中等教育的知识领域较窄，初等教育的知识领域尽管宽泛，但又较肤浅。这两种情况都不适合综合课程的要求。

（1）学校结构问题。师范教育的课程要重构，使未来的教师对分科课程与综合课程都具有充分的理论理解和实践体验，这是实施综合课程的必要条件。教师的培训机构就需要拆除横亘于各系科之间的障碍，不同学术领域需要展开交往与合作。

（2）评估问题。评估方式必须是学科际的、跨学科的。目前的分科评估方式势必阻碍综合课程的推行。

（五）综合课程与小学教育阶段

就目前来看，在小学阶段，由于所学各学科知识内容较少，也比较浅显，对学科的系统性、逻辑性要求不高，因此合科的设计模式比较容易，从实践结果看也比较成功。现在世界各国小学阶段的课程计划中也普遍采用合科的方式。有些国家在研究小学如何进一步减少课程门类，加大课程综合化的力度，针对不同年级或不同年级段（如低年级、中年级、高年级），分阶段进行研究。

三、"品德与生活"课程分析

（一）"品德与生活"课程标准的设计特征

1. 渗透生活教育

品德与生活课程标准设计的主要目的是：努力使儿童置身于他们生活中遇到的各种自然、社会、文化因素之中，引导他们在各种环境因素、社会关系、社会生活的相互作用中形成和发展各种良好的品质。

品德与生活课程标准的设计是以儿童生活的4个维度，即健康安全的生活、愉快积极的生活、负责任有爱心的生活、动脑筋有创意的生活，以此作为课程标准的基本框架来确定课程的目标和内容标准。

课程设计努力将各种教育融合起来进行。品德与生活课程是将品德教育、生活教育、社会教育、科学教育进行有机整合。

2. 关注儿童生活

教育要回归生活，课程应重视生活的教育价值，其中特别关注的是儿童正在进行的现实生活。

通过本门课程的实施，让儿童学会营造一种属于他们自己的健康、积极、快乐、负责、有爱心、有创意、肯动脑筋的生活。课程标准力求在提出的课程理念、目标、内容等方面呈现出来的课程文化是一种儿童文化，力求做到从儿童自己的世界出发，用自己的眼睛观察社会，用自己的心灵感受世界，用自己的方式研究社会，从而促进儿童在这种生活中发展，在发展中生活。从儿童现实生活出发，实现课程的基础性和启蒙性。

3. 引导儿童发展

以儿童自己的生活为课程基础，体现了课程指导思想对儿童的尊重。在尊重儿童的同时，还要对儿童进行必要的引导，因为儿童只有在教育的引导下才能不断地发展和提高，品德与生活课程就体现了这种引导。本课程涉及的儿童与自然、儿童与社会、儿童与自我等诸多关系，需要通过正确引导而达到对自然的认识、对社会的准确理解、对自我的合理把握；他们各方面的情感与态度、行为与习惯、知识与技能，也需要按一定的目标去积极引导。

新课程努力在积极引导与尊重儿童的内在结合上走出当地中国特色的品德教育之路。

（二）关于道德教育

学生的品德发展是品德与生活课程关注的核心问题，也是这一学科具有的本质特征。因此，品德与生活课程设计必须关注小学生品德发展的一般规律，我们有必要向儿童发展心理学寻求课程设计的理论支持。

1. 道德教育方式具有特殊性

秉持尊重客观规律的科学精神，王健敏博士将研究方向从道德教育转向道德学习，指出道德学习是一种以体验为核心的认知、情感、行为整合学习，从根本上区别于知识、技能学习。长期以来，我们没有很好地区分这三种类型，按照知识和技能的教学规律组织道德教育，导致德育的无效或低效。

表1　　　　　　　认知、技能、道德领域中学与教方面的区别

领　　域		学的目标	学的方式	教的方式	教的策略	教的特点
认知		理解	听讲，记诵，复述	口授式教	系统性教学为主	外烁活动
技能		自动化定型	观察，模仿，练习，实践	示范—指导—训练式教		
道德	认知	认同	体验	1 认知—激情—（体验）2 执行—（体验）—认知	随机性教学为主	由内而外的引导活动
	行为					
	情感					

如果说认知学习要解决"懂不懂"的问题，技能学习要解决"会不会"的问题，那么道德学习就要解决"信不信"的问题，即认同感的形成。对道德认同感形成机制的研究是明朗道德学习方式和与之相应的教的方式的基础。

（1）道德认同的形成

道德范畴的认同指个体对社会规范的自觉趋同。道德认同的形成是通过义情沟通、行为趋同、体验整合三个环节，分层建构规范行为的启动机制、

执行机制与反馈机制，完成认同的动机系统与行为系统的构建而实现的。首先，以义情沟通构建认同的启动机制，确立认同的动机系统；其次，以行为趋同构建认同的执行机制；再次，在不断的反馈体验中，组织调整各种力量，整合知情行，达到动机系统与行为系统的统一。

（2）道德体验

体验，又叫情绪体验，从发生学上说，情绪体验是脑的感受状态，这种感受是指非特异神经通路的感觉或感受。由于网状结构的上行激活系统向脑的高级部位输送的兴奋是弥散性的，它影响整个神经系统，并波及整个有机体。通过丘脑系统，上接间脑和大脑皮层，下达自主神经系统，网状结构把环境信息同生命活动直接联系起来，影响有机体的定向和选择行为。

道德学习是体验式的学习，具有情感性、整合性、间接性、个别性的特点。

第一，情感性。情绪体验是人类经验的重要向度之一，人的情感体验反映的是人最真实的存在，没有与特定的经历相联系的体验，道德的内化与建构是难以想象的。道德学习中的认知学习与行为学习都是以情感为中介发生的，没有情感的投入，认知会造成夸夸其谈，行为难免功利性目的，道德教育的结果反而是有害的。

第二，整合性。体验的发生需要个体整个身心的投入，这就要求体验式的学习是认知经验、行为经验与情感经验相一致的整合学习过程。

第三，间接性。道德的传承依赖于个体的情感体验，要求个体内化为行为需要，而情感体验是一种心理的主观成分，因而体验式的学习本质上是不可直接传承的。通过移情同感和体验活动的不断累积作用，最终形成个体的情感倾向。我们将德育具体方式上的非直接传授性与宏观上的价值传递性混为一谈，导致德育过程的简单化和直接灌输模式，内化效力低下。

第四，个别性。体验是主观的精神活动，具有相对自由性，因而富有个性色彩。只有对人的差异性与个别性的尊重，才能获得教育过程中的自由与解放。

道德学习的心理特点，决定了我们要从整体视角设计道德教育课程，能够增强实效。

2. 小学低年级学生品德发展的特点

从道德认识的发展来看，皮亚杰认为，小学阶段的儿童正好处于自律道德的发展阶段，他们逐渐地能够自觉运用自己的道德认识来评价和调节道德行为。

从道德情感的发展看，小学生已经能依赖想象性的道德情感如榜样来调控自己行为。李怀美的研究发现，小学生对道德情感内容认知理解的发展具有不平衡性，他们的义务感最强，荣誉感次之，良心和爱国主义再次之，幸福感体验最差。

从道德动机的发展来看，小学生一般有三个特点：

① 由服从向独立发展，低年级主要以服从成人的指导为主；

② 从具体的近景动机向抽象的远景动机发展；

③ 开始产生道德动机冲突，但还不强烈。

从道德行为的发展来看，小学生道德意志的控制力和自觉性明显增强，但还离不开外部的检查和督促。在言行一致方面，低年级表现得协调统一。研究发现，小学儿童的道德观念影响源主要是家长和教师的道德观念，所以，他们的思想观念、言论和行动都会直接反映出他们接受的教育内容。

这些特点对品德教育具有很大的作用。如突出学生在一定情境中的体验，突出以评价对学生情感的调控，突出以活动方式使学生情感得以宣泄，这样，便构成了课程设计的主线，即情境设计——活动设计——评价设计，更有针对性。再如，教师的言传身教仍然占据一定的地位，教师要发挥主体引导作用，教师对学生的矫正，特别是对学生的发展性引领是不可或缺的。

（三）关于生活教育

1. 回归生活教育

广义生活世界分为相互联系的两部分：一是指每个人都在从事的以衣食住行、婚丧嫁娶、言谈交往等为主要内涵的自在的、重复性的生活领域，即日常生活世界，这是狭义的生活世界。二是指人们从事的政治、经济、技术操作、经营管理、公共事务、社会化大生产等非日常的有组织的社会活动领域和由科学、艺术、哲学等构成非日常的自觉的精神生产领域，即非日常生活世界，我们所讲的是日常生活世界。

在原始社会，道德教育是与人们的生产生活过程融为一体的，社会进入信息化时代给道德教育带来双重影响。一方面，非日常生活领域急剧膨胀，日常生活领域急剧缩小，道德教育完全被科技工具理性笼罩，远离了作为意义和价值之源的日常生活世界；另一方面，信息化时代也为日常生活世界与非日常生活世界的相互渗透与协调发展提供了机遇和条件。但这次回归与原始道德教育有了本质区别：这是对生活世界的主体参入式回归，即使道德教育作为价值主体积极参入到生活世界之中。

道德教育作为主体而参入生活世界就意味着要对社会生活主动适应与超

越。首先，道德教育必须把握时代的脉搏，掌握社会发展的规律与趋势，培养既适应现实又适应未来社会需要的道德个性。这需要做到三个方面：第一，要把人类在千百年来形成的传统美德作为道德教育的内容传授给儿童，以此作为生成道德个性的重要资源。当代西方在反思决策制定模式的缺陷后又重新回归传统的品格教育，正反映了生活世界中积极的文化内容对生成道德个性的必要性。第二，道德教育要植根于火热的现实生活和儿童特殊的生活世界，须知儿童既是学校教育的主体，也是日常生活的主体，其特殊的生活世界是社会现实生活的一部分。第三，道德教育要具有预见性。现在，教育在历史上第一次为一个尚未存在的社会培养新人。道德教育必须积极探究这种新人的道德特征并将之实现出来。其次，道德教育还必须积极干预并超越社会生活。最后，道德教育重返生活世界，找回失落的意义与价值还需将交互主体观贯串于整个过程，实现自身的创造性转化：将道德教育过程由传统的主体与客体间的权威服从的关系转化为新型的主体与主体间的民主交往关系。

2. 回归生活与课程设计

课程单元设计在内容上既依据教材又不拘泥于教材，提倡和鼓励教师从儿童的实际生活中捕捉有教育意义的内容，或与儿童合作选择内容，或利用儿童自己的选择来组织活动；课程单元设计在形式上不拘一格，形式服从内容。可根据具体目标、内容、条件、资源的不同，因地制宜、因校制宜地选择各种不同的教学活动。形式可以是单一的，也可以是几种形式结合使用；时间安排比较灵活机动，根据主题、内容，可在一课时内完成，也可持续几课时或一段时间。

第二部分 "劳动最光荣"主题单元设计与分析

一、"劳动最光荣"主题的道德意义分析

（一）要让儿童从小体验劳动的快乐，劳动是获得幸福的手段

只有体验过劳动美的人才是精神丰富的人，劳动对于人的精神世界发展的促进作用是多方面的。在劳动中，人通过运用体力和智慧，使劳动成为一种创造性活动；通过对象性活动使自然人化，体验到创造的乐趣，在成功中

感受精神的满足；在劳动中，人们通过相互结合成一定的合作关系，体验集体的力量、合作的愉快。

（二）家庭是人们接受道德教育最早的地方

许多学生往往习惯于家长对他们的呵护与关心，觉得家长养育自己是应该的，自己的很多事情应该由家长做。这样的倾向，常常导致孩子依赖性较强，缺乏家庭责任感，从而造成孩子缺乏生活自理、自律能力。由于生活条件的改善，有些被娇惯的孩子往往好逸恶劳，又因为许多父母宁愿自己受苦，唯恐孩子受苦，孩子常常是拿起书包上学，放下书包吃饭，缺乏勤劳俭朴的精神。从心理学角度看，这些现象产生的主要原因在于意志薄弱。因此，改变上述现象，须以培养学生的良好意志为核心。

意志的培养，离不开生活的磨砺。教育学生自理自律，可以从以下几个方面入手：

（1）建立科学合理的生活制度。自理自律能力不是一朝一夕培养出来的，生活制度有秩序，有规律，十分重要。

（2）提出合理要求，及时检查和鼓励。俗话说没有规矩，不成方圆。从小给学生一定的合理约束，依据要求，坚持不懈地遵照执行，并在此过程中，对学生的良好表现予以肯定、赞扬。

（3）注意学校教育和家庭教育的一致性和连贯性，使自理、自律成为学生意志指导下的行为，形成良好的习惯。

（三）勤劳俭朴是中华民族的传统美德，对儿童的全面发展起重要作用

学生勤劳俭朴的美德，恰似一笔资本，会使他们今后人生的各个阶段受益。勤劳俭朴的品德主要是通过劳动来培养的，可从两方面着手：一是自我服务的劳动，做到自己的事情自己做，尽量少给家长添麻烦。自我服务劳动能培养学生生活的条理性和独立生活的能力，并为学生参加家务劳动和社会公益劳动打下良好基础。二是家务劳动，能培养学生对家庭的关心、爱护，成年后主动关心别人，与各类人员保持良好关系，同时获得生活的能力和坚定的意志，长大后会用自己的双手创造幸福美满和谐的家庭。家务劳动还能增强学生参与意识和劳动观念，爱惜劳动成果，培养生活上不攀比，不过于追求高消费的品德。此外，教师还可以引导家长做到：不要凡是孩子看到的和喜爱的东西，就必须成为他个人所有；孩子应该想到的不只是他自己，还应有家庭的其他成员；不要满足孩子的每一个愿望和要求。

二、一个综合单元要求包括什么

（1）给学生提供词汇量，使他们能理解、模仿、有意地运用和思考自己的品格培养（以品格的定义为基础）。

（2）服务教育项目将师生与当地社会和全球社会联系起来，通过这种服务实践品格特征。

（3）从由多种学习内容组成的学业学习上学会技能，将具体的技能实践与以品格为基础的服务教育项目结合起来。

（4）为学习解决问题和解决争端提供练习的情景，但要遵循该学习单元的品格和服务教育的目标。

（5）在该项目中结合以课程传授为主的音乐和艺术，强化该学习单元的品格和服务教育的目标。

三、案例呈现："我的家庭"主题单元设计

初 次 设 计

主题目标：

（1）让学生了解家庭的构成，知道每个人的成长都离不开家庭。

（2）了解父母的工作、兴趣爱好等，体会到他们对社会以及家庭的贡献。

（3）知道家庭成员之间的关系，了解家庭的发展。

活动重点：

（1）引导学生了解家庭的构成。

（2）知道家庭成员之间的关系，体会家庭如同大树的根基。

（1）让学生收集一些跟父母合影照片（全家福、生活照）。

（2）和父母交流，了解他们的工作情况。

（3）多媒体课件：赵玲介绍自己的爸爸、妈妈，社会特殊家庭的资料卡；王强介绍自己的家庭成员。

活动过程：

一是让学生说一说家庭成员，二是讨论并交流家庭成员之间的关系，三是介绍特殊家庭，四是同组说说父母的辛苦，五是画家庭树。

反思：

从本节课的设计及实施来看，学生的课堂活动仅仅是一种交流，而且这种交流的单向性设计扼杀了学生的创造性，课堂教学气氛的沉闷便难以避

免。因此，活动着并沉闷着，成为这一设计遭遇的最大问题，该如何使学生的品德与生活学习真正动起来，并且实现活动的目标呢？

从设计意图看，画家庭树是课堂教学的升华阶段，是为学生创造更多自由展示的机会而设计的，是一个活动化的教学场景。表面来看，在这一过程中学生动了起来，并且是自由自在的活动。然而，深入思考我们不难发现，在这一设计背后隐含着许多问题：第一，每一名学生都在画家庭树，是在同一种方式下表达着教师认定的学生的感受，无论是活动方式还是情感特征，都是教师预先设计好的，丝毫没有学生个性的展示，最重要的是忽略了学生的个性化的情感体验。其二，就整节课的承启来说，学生画家庭树这一活动并不足以表达他们对父母辛苦工作的感动和对父母的热爱，这一活动放到课堂教学最后，仅仅是活动而已，对于学生道德情感与道德认识并没有多少提升价值。其三，外在的活动动态性与学生的内在心理动机没有趋于一致，学生是为活动而活动。在这一活动过程中，无论是情感的体验还是思维的生成都没有得到有效的活动支持，可以说，这样的活动更多的是在走一种过场。

二 次 设 计

活动一：说说我的家庭

我们每个人都有属于自己的家庭，而每个人的家庭又是各不相同的，大家愿不愿意将自己的家庭介绍给别人呢？你们了解自己的家庭吗？现在，就让我们通过各种途径来了解自己的家庭，有下面几个选题：家庭的组成，家人之间的关系，父母的职业爱好，家庭的故事等，你可以任选一项或多项议题进行探究、了解。

（学生根据要求了解家庭的多方面情况，在了解的过程中通过访问家长的形式，实现与家长的自然交往，获取沟通与交流）

活动二：小鬼当家

了解了家庭的基本组成和家庭成员的基本分工后，引导学生细心观察父母一天里为我们做了些什么？然后提出要求：利用周日开展一次小鬼当家活动，模仿家长的样子做一天家务活，使学生亲身体验，并在体验中感受父母的日常工作以及生活的辛苦劳累。

活动三：我爱我的家

引导学生用语言描述表达出父母的辛劳以及自己对父母家人的感激之情。此后，启发学生用自己喜欢的方式为家庭、为父母做一件事，以实际行动表达对家人的爱，为整个家庭增添欢乐。

三 次 设 计

活动一：小鬼当家（品德与生活）

引导学生细心观察父母一天里为我们做了些什么？然后提出要求：利用周日开展一次小鬼当家活动，模仿家长的样子做一天家务活，使学生亲身体验，并在体验中感受父母日常工作、生活的辛苦劳累。

活动二：汤姆的日记（收支日记，语文）

汤姆是一个八岁的美国男孩，以下是他一周的日记。

周一：吃完晚饭，我洗了碗筷，爸爸给了我5角钱。

周二：中午，我和几个同学上街，大家来到冷饮店，他们要了冰激凌，我摸了摸口袋，唉，钱不够了，只好买了冰棍。

周三：早上起床，我只用了10分钟就做完了洗脸刷牙，叠自己的被子，擦自己的书桌四样事情。我跑去报告妈妈，妈妈夸我效率高，多给了我1元钱。

周四：我看中了一辆山地车，真漂亮！可是要150元！我只有52元。我向妈妈借钱，妈妈同意借给我100元，但以后每月要扣下10元，直到还完为止。

周五：老师说，在一个贫穷的地方，小朋友用手指在地上做算术，大手指的指甲磨得只剩下一半。老师号召我们自愿拿出零花钱中的几元捐给他们。同学们都纷纷捐钱，我捐了3元。

周六：今天我去爷爷家，看到书柜里落了灰，我就把书柜上上下下擦了一遍。爷爷夸我聪明，眼里有活，给了我5元钱，真是笔意外之财！

周日：今天我当家！按照生活课上的计划，早晨7：00起床后，我要做这样一些事情：①叠被子；②收拾家；③擦地、擦桌子；④买菜、洗菜；⑤蒸米饭；⑥洗碗。辛辛苦苦我赚了7元钱。爸爸给我一张10元的纸币，我找给爸爸3元。

辩论：你赞同家务劳动付钱的做法吗？（根据学生的结论设计以后的活动）

家庭作业：收支日记

活动三：社会调查：家政工作的价格

然后与父母签订劳动协议（品德与生活）

活动四：学习歌曲"劳动最光荣"（音乐课）

活动五：怎样购买餐巾纸？（数学课）

活动六：如何叠被子，如何制作果汁，组织家务小能手竞赛。（英语课）

活动七：理财之道（品德与生活）

步骤：展示各种货币；为什么花钱，如何合理花钱？如何赚钱？

调查（父母）：赚钱之道①您赚钱吗？②您做了什么才赚了钱？③我能像您那样赚钱吗？为什么？④我能做什么来赚钱？

活动八：人道主义援助（品德与生活）

拿出10％的收入帮助弱势群体，评选出慈善之星。

第三部分　结　论　与　思　考

一、综合视角下"品德与生活"主题单元设计的意义与局限

意　义：

(1) 以整体观的视角审视"品德与生活"的课程设计是一种崭新的尝试，为在新课改条件下实施"品德与生活"提供了新思路。

(2) 在课程目标方面，摒弃了原来培养高尚精神、高尚品质等抽象的目标，提出了更加切实可行的、易实现的具有阶段性的目标，使教师更易操作，学生更易领会。

(3) 在整体教育观的指导下，"品德与生活"在课程实施上，更加注重关注学生的经验世界，加强课程与学生生活的联系，如以普遍的且不易引发歧义的人类活动中的问题为基础，如健康、生存、生活、沟通与交往。这是人们生活中现实而普遍的问题，将有助于提高所有学生的生活能力和对现实社会的适应能力。摒弃原来在课程实施上那种重理论、精神的做法，让学生觉得要不可及，不能真正体会教学的意图，造成课程空、难、烦的后果。

(4) 在学科整合上，摒弃或淡化了原有的学科界限，加强学科之间的联系，有效利用各学科之间的关系将学科整合，使学生获得完整的事实经验，把原来无法归类于任何学科的，而又在日常生活中常见的知识巧妙地安排课程，既激发了学习的兴趣，也有效地开发了"品德与课程"的课程资源。

局　限：

(1) 没有先例可循，很容易在课程实施上走弯路，遇到困难也不易解决。

(2) 在课程实施上，虽然比过去简单，但有时教师找不到好的方法达到

教学目标，即不知道什么时候做，怎么做，很多时候草草了事，浅尝辄止，学生们玩得很热闹，但并没有或没有完全体会到该课的主旨是什么，他们应该懂得了什么，以后该怎么做。

（3）现行的评价方式还不适应"品德与生活"，评估方式必须是学科际的，跨学科的，目前的分科的评估方式势必阻碍该课程的推行。

二、建议：教师培养与教师专业发展的整体观

我国历来重视教师培养和发展，近几年，又出现以校本培训和校本教研为在职教师主要培训形式的教师培养方式，教师们边探索边研究，逐步找到了适合于本学校、本学科的教学方法和课程发展方法。

首先，在综合视角下，我们应更加重视各学科教师的交流与合作，避免过去知识单一学科的教师在一起备课、讨论，这样思路都局限于一门课程中，人为地将本是一体的科学体系割裂开。多学科教师共同研讨，思想上的碰撞和专业上的互补，有助于多学科的整合，重建。避免了许多重复性的研究和劳动，使教学效率更高。

第二，大中专院校要发挥好理论带头作用，深入基础教育，为学校和教师带去更新的教育理念和想法，鼓励教育创新，经常开展教师培训活动，让最前沿的教育理念能在学校中实施。

第三，重视教育实践活动。教育实践活动是教师专业发展的基本手段，是教师专业素质培养的有效途径。教师教育，无论是职前培养还是职后培训，都应当在教育实践中进行，与学校日常生活联系在一起，与学校的教育教学、与生动活泼的学生联系在一起。这是因为：

（1）教育实践活动是形成教师职业道德的基础。

（2）教育实践活动是教师专业能力发展的中介：

① 教育实践活动有助于教师教学传导能力的发展；

② 有助于教师教育科研能力的发展；

③ 有助于教师反思能力的发展；

④ 有助于教师创新能力的发展。

参 考 文 献

[1] 钟启泉. 课程论 [M]. 北京：教育科学出版社，2007.
[2] 施良方. 课程理论：课程的基础、原理与问题 [M]. 北京：教育科学出版社，2003.
[3] 黄光雄，蔡清田. 课程设计：理论与实际 [M]. 南京：南京师范大学出版社，2005.
[4] 马云鹏. 课程与教学论 [M]. 北京：中央广播电视大学出版社，2005.
[5] 有宝华. 综合课程论 [M]. 上海：上海教育出版社，2002.
[6] 品德与生活课程标准教师读本 [M]. 武汉：华中师范大学出版社，2003.
[7] 陈向明. 质的研究方法与社会科学研究 [M]. 北京：教育科学出版社. 2000.
[8] [美] 阿妮塔. 伍德沃克. 教育心理学 [M]. 陈红兵，张春莉，译. 南京：江苏教育出版社，2005.
[9] [美] James A. Beane. 课程统整 [M]. 单文经译. 上海：华东师范大学出版社，2003.
[10] 吕立杰. 国家课程设计过程研究. [M]. 北京：教育科学出版社，2008.
[11] 皮连生. 学与教的心理学 [M]. 上海：华东师范大学出版社，1997
[12] 莱斯利 P. 斯特弗，杰里. 盖尔主编. 教育中的建构主义 [M]. 高文，等译. 上海：华东师范大学出版社. 2003.
[13] J 莱夫 E 温格. 情景学习：合法的边缘性参与 [M]. 王文静译. 上海：华东师范大学出版社，2004.
[14] 戴维 H. 乔纳森编. 学习环境的理论基础 [M]. 郑太年，任友群，等译. 上海：华东师范大学出版社，2002.
[15] 高文. 变情境学习与情境认知 [J]. 教育发展研究，2002（8）.

[16] 国家品德与生活课程标准组. 品德与生活课程的基本观点及其实施 [J]. 学科教育，2002（12）.

[17] 王文静. 基于情境认知与学习的教学模式研究 [D]. 上海：华东师范大学博士论文，2004.

[18] 何克抗. 建构主义的教学模式、教学方法和教学设计 [J]. 北京师范大学学报，1997（5）.

[19] [美] 杜威. 儿童与课程 [M]. 林宝山，康春枝，等译. 台北：五南图书出版公司，1990.

[20] 卢敏玲等. 照顾学生个别差异的课堂学习研究 [M]. 上海：华东师范大学出版社，2006.

[21] 陈向明. 质的研究方法与社会科学研究 [M]. 北京：教育科学出版社，2000.

[22] 鲍建生，黄荣金等. 变式教学研究 [J]. 数学教学，2003（2）.

[23] 卢敏玲. "课堂学习研究"对香港教育的影响 [J]. 开发教育研究，2005（3）.

[24] 鲁洁. 回归生活 [J]. 课程·教材·教法，2003（9）.

[25] 赵亚夫. 品德与社会课的教学单元设计 [J]. 学科教育，2003（5）.

[26] 鲁洁. 教材应是能够与儿童对话的文本 [J]. 江南教育，2004（6）.

[27] 徐碧美. 追求卓越：教师专业发展案例研究 [M]. 北京：人民教育出版社，2003.

[28] 江山野主编译. 简明国际教育百科全书·课程 [M]. 北京：教育科学出版社，1991.

[29] 饶见维. 教师专业发展：理论与实务 [M]. 台北：五南图书出版公司，1996.

[30] [加] 康纳利，柯兰迪宁. 教师成为课程研究者：经验叙事 [M]. 刘良华等译. 杭州：浙江教育出版社，2004

[31] 佐腾学. 课程与教师. 钟启泉译 [M]. 北京：教育科学出版社，2003.

[32] 周淑清. 课程发展与教师专业 [M]. 台北：台湾高等教育文化事业有限公司，2004.

[33] Fessler R. & Christensen J. C. 教师职业生涯周期 [M]. 北京：中国轻工业出版社，2005.

[34] 范良火. 教师教学知识发展研究 [M]. 上海：华东师范大学出版

社，2003.

[35] Annekezanting. *Using inerview and concept maps to access mentor teacher's practical knowledge*. Higher Education, 2003.

[36] Calderhead J. *A Psychological Approach to Research on Teachers Classroom Decision-making*. British Educational Research Journal, 1981.

[37] Elbaz R. *Teacher Thinking: A Study of Practical Knowledge*. London: Croom Helm. 1983.

[38] Gary D Fenstermacher. *The Knower and the Known: The Nature of knowledge in Research on Teaching*. Review of Research in Education, 1994.

[39] Guskey T R. *Professional development and teacher change*. Teacher and Teacher Education. 2002,

[40] Hall G E & Hord S M. *Change in Schools: Facilitating the Process*. New York: State Univ. of New York Press. 1987.

[41] Morris P. *Curriculum innovation and implementation: A cautionary note*. Educational Research Journal, 1987.

[42] M Frences Klein. *A conceptual Framework for curriculum decison making*. The politics of curriculum decision—making. Albany: State universitu of New York, 1991.

[43] Donald Schon. *Educating the Reflective Practitioner: Toward a New Design for Teaching and Learning in the Professions*. San Francisco: Jossey-Bass, 1987.

[44] Cochran-Smith & Lytle. *Relationships of knowledge and practice: teacher learning in communities*. Review of Research in Education. Washington, DC: American Education Research Association, 1999.

[45] Smith D L. *On the Concept of Perceived Curriculum Decision-Making Space*. Curriculum Perspectives, 1983.

[46] Shulman L. *Those who understand knowledge growth in teaching*. Educational Researcher, 1986.